日本語能力試験
スーパー模試
N2

監修　岡本能里子

アルク
www.alc.co.jp

はじめに

本書は、2010年から始まった新しい日本語能力試験対策のために作られた模擬試験です。2004年に発売された『日本語能力試験　合格への道　2級対策模擬テスト』をもとにしていますが、新試験が想定する能力に合わせ、すべての問題を見直し、話題も社会の変化に対応したものにし、作成しました。

新試験も、旧試験と同様、社会生活をする上で必要な総合的な日本語能力を測定するものである点は変わりません。しかし、旧試験が日本語の文字や語彙、文法についてどれぐらい知っているかという日本語の知識を測定することに重点があったのに対して、新試験は、旧試験の想定する知識だけではなく、それらを実際の場面でどのぐらい使えるかという総合的なコミュニケーション能力を測定するものになっています。そのため、旧試験より、実際に出会う多様な生活場面が設定されています。

このような、実践的なコミュニケーション能力を測定するという目的から、旧試験では点数の４分の１の割合だった聴解が、新試験では３分の１の割合になっています。新試験Ｎ２は、旧２級とほぼ同等の言語知識が前提とされていますが、上記の測定する能力の変更に伴い、日常生活で出会う自然な会話が取り入れられています。また、読解も、幅広い新聞記事や論旨の明確な文章を読んで内容を理解するだけでなく、日常、目にする様々な文章から必要な情報を読み取るといった、新たな力が試される内容になっています。

本書の出題の仕方、誌面も、実際の模擬試験に近いよう工夫しましたので、本書を活用し、慣れておけば、本番でもあわてることなく、実力を発揮できるものと思います。

最後に、得点の計算方法も入れてあり、自己採点ができるようになっています。是非、使い方にそって時間や手順にしたがい、真剣に模擬試験をやってみてください。

みなさんの目的達成に、本書が少しでもお役に立てたら幸いです。

同シリーズの『日本語能力試験スーパー模試N1』に続き、短い期間での本書の刊行は、問題作成メンバーのチームワークと、それを常に支え、伴走してくださる浅野陽子さんの忍耐力なくしては実現しませんでした。

この場を借りて心よりお礼申し上げます。

2011年９月
岡本能里子

目　次

日本語能力《にほんごのうりょく》試験《しけん》について知《し》る

この解説《かいせつ》は、国際交流基金《こくさいこうりゅうききん》と日本国際教育支援協会《にほんこくさいきょういくしえんきょうかい》が運営《うんえい》する、日本語能力試験公式《にほんごのうりょくしけんこうしき》ウェブサイト（http://www.jlpt.jp/）をもとにしています。

日本語能力試験《にほんごのうりょくしけん》とはどんな試験《しけん》か

●日本語能力試験《にほんごのうりょくしけん》の概要《がいよう》

- 日本語能力試験《にほんごのうりょくしけん》は、日本語《にほんご》を母語《ぼご》としない人《ひと》の日本語能力《にほんごのうりょく》を測定《そくてい》し、認定《にんてい》する試験《しけん》です。
- 世界最大規模《せかいさいだいきぼ》の日本語《にほんご》の試験《しけん》です。
- 国際交流基金《こくさいこうりゅうききん》と財団法人《ざいだんほうじん》日本国際教育支援協会《にほんこくさいきょういくしえんきょうかい》が実施《じっし》しています。
- 1984年《ねん》から始《はじ》まり、2010年《ねん》からは、試験《しけん》の内容《ないよう》を改定《かいてい》した新《あたら》しい日本語能力試験《にほんごのうりょくしけん》が実施《じっし》されています。

●日本語能力試験《にほんごのうりょくしけん》の目的《もくてき》

日本語《にほんご》を母語《ぼご》としない人《ひと》の日本語能力《にほんごのうりょく》を測定《そくてい》し、認定《にんてい》することを目的《もくてき》としています。

●主催者《しゅさいしゃ》

- 国際交流基金《こくさいこうりゅうききん》と財団法人《ざいだんほうじん》日本国際教育支援協会《にほんこくさいきょういくしえんきょうかい》が共催《きょうさい》で実施《じっし》しています。
- 日本国内《にほんこくない》では
  →日本国際教育支援協会《にほんこくさいきょういくしえんきょうかい》（http://www.jees.or.jp/jlpt/）が実施《じっし》しています。
- 海外《かいがい》では
  →国際交流基金《こくさいこうりゅうききん》（http://www.jpf.go.jp/j/）が実施《じっし》しています。
- 台湾《たいわん》では
  →財団法人交流協会《ざいだんほうじんこうりゅうきょうかい》（http://www.koryu.or.jp）が実施《じっし》しています。

日本語能力試験《にほんごのうりょくしけん》を受験《じゅけん》する場合《ばあい》の手続《てつづ》きは？

●だれが受験《じゅけん》できるか

日本語《にほんご》を母語《ぼご》としない人《ひと》なら、だれでも受験《じゅけん》できます。年齢制限《ねんれいせいげん》はありません。

●試験《しけん》はいつ実施《じっし》されるか

- 年《ねん》に２回《かい》、７月《がつ》と 12 月《がつ》に行《おこな》われます。
- ただし、海外《かいがい》では７月《がつ》の試験《しけん》を実施《じっし》しない国《くに》・地域《ちいき》があります。受験《じゅけん》したい都市《とし》で７月《がつ》の試験《しけん》を実施《じっし》するかどうかは、日本語能力試験公式《にほんごのうりょくしけんこうしき》ウェブサイト内《ない》の「海外《かいがい》の実施都市《じっしとし》・実施機関一覧《じっしきかんいちらん》」（http://www.jlpt.jp/application/overseas_list.html）で確認《かくにん》してください。
- 実施日程《じっしにってい》は、それぞれの試験《しけん》の５カ月《げつ》ぐらい前《まえ》に発表《はっぴょう》されます。

●試験会場《しけんかいじょう》はどこか

- 日本国内《にほんこくない》で受験《じゅけん》する場合《ばあい》
  →日本国際教育支援協会《にほんこくさいきょういくしえんきょうかい》のホームページ（http://www.jees.or.jp/jlpt/）を見《み》てください。
- 海外《かいがい》で受験《じゅけん》する場合《ばあい》
  →国際交流基金《こくさいこうりゅうききん》のホームページ（http://www.jpf.go.jp/j/）または、日本語能力《にほんごのうりょく》試験公式《しけんこうしき》ウェブサイト内《ない》の「海外《かいがい》の実施都市《じっしとし》・実施機関一覧《じっしきかんいちらん》」（http://www.jlpt.jp/application/overseas_list.html）を見《み》てください。
- 台湾《たいわん》で受験《じゅけん》する場合《ばあい》
  →財団法人交流協会《ざいだんほうじんこうりゅうきょうかい》のホームページ（http://www.koryu.or.jp）を見《み》てください。

●願書《がんしょ》はどこで入手《にゅうしゅ》するか

（以下《いか》は、日本国内《にほんこくない》で受験《じゅけん》する場合《ばあい》です。それ以外《いがい》の場合《ばあい》は、それぞれのホームページを見《み》てください。）

- 日本語能力試験受験案内《にほんごのうりょくしけんじゅけんあんない》（願書《がんしょ》）は、それぞれの試験《しけん》の４カ月《げつ》ぐらい前《まえ》に販売《はんばい》されます。
- 日本語能力試験受験案内《にほんごのうりょくしけんじゅけんあんない》（願書《がんしょ》）は、全国《ぜんこく》の大《おお》きな書店《しょてん》で販売《はんばい》されます。

●どのように申《もう》し込《こ》むか

(以下《いか》は、日本国内《にほんこくない》で受験《じゅけん》する場合《ばあい》です。それ以外《いがい》の場合《ばあい》は、それぞれのホームページを見《み》てください。)

- 受験案内《じゅけんあんない》を読《よ》んで、願書《がんしょ》に必要事項《ひつようじこう》を記入《きにゅう》します。
- 受験料《じゅけんりょう》を支払《しはら》います。
- 願書《がんしょ》を、受付《うけつけ》センターに郵送《ゆうそう》します。

詳《くわ》しくは、受験案内《じゅけんあんない》(願書《がんしょ》)に書《か》いてあります。

●試験《しけん》の結果《けっか》はどのようにわかるか

(以下《いか》は、日本国内《にほんこくない》で受験《じゅけん》する場合《ばあい》です。それ以外《いがい》の場合《ばあい》は、それぞれのホームページを見《み》てください。)

- 試験《しけん》の結果《けっか》は、レベルごとに合格《ごうかく》か不合格《ふごうかく》かを判定《はんてい》し、受験者全員《じゅけんしゃぜんいん》に「合否結果通知書《ごうひけっかつうちしょ》」が送《おく》られてきます。
- 合格者《ごうかくしゃ》には、「日本語能力認定書《にほんごのうりょくにんていしょ》」が交付《こうふ》されます。

日本語能力試験《にほんごのうりょくしけん》が判定《はんてい》するレベルは?

- 日本語能力試験《にほんごのうりょくしけん》のレベルは、N1～N5の5段階《だんかい》です。
- レベルによって試験問題《しけんもんだい》が違《ちが》うので、自分《じぶん》でレベルを選《えら》んで受験《じゅけん》します。
- 各《かく》レベルの目安《めやす》は次《つぎ》の表《ひょう》のとおりです。

	レベル	**認定《にんてい》の目安《めやす》** 各《かく》レベルの認定《にんてい》の目安《めやす》を【読《よ》む】【聞《き》く】という言語行動《げんごこうどう》で表《あらわ》します。それぞれのレベルには、これらの言語行動《げんごこうどう》を実現《じつげん》するための言語知識《げんごちしき》が必要《ひつよう》です。
むずかしい ↑	N1	**幅広《はばひろ》い場面《ばめん》で使《つか》われる日本語《にほんご》を理解《りかい》することができる** 【読《よ》む】 • 幅広《はばひろ》い話題《わだい》について書《か》かれた新聞《しんぶん》の論説《ろんせつ》、評論《ひょうろん》など、論理的《ろんりてき》にやや複雑《ふくざつ》な文章《ぶんしょう》や抽象度《ちゅうしょうど》の高《たか》い文章《ぶんしょう》などを読《よ》んで、文章《ぶんしょう》の構成《こうせい》や内容《ないよう》を理解《りかい》することができる。 • さまざまな話題《わだい》の内容《ないよう》に深《ふか》みのある読《よ》み物《もの》を読《よ》んで、話《はなし》の流《なが》れや詳細《しょうさい》な表現意図《ひょうげんいと》を理解《りかい》することができる。 【聞《き》く】 • 幅広《はばひろ》い場面《ばめん》において自然《しぜん》なスピードの、まとまりのある会話《かいわ》やニュース、講義《こうぎ》を聞《き》いて、話《はなし》の流《なが》れや内容《ないよう》、登場人物《とうじょうじんぶつ》の関係《かんけい》や内容《ないよう》の論理構成《ろんりこうせい》などを詳細《しょうさい》に理解《りかい》したり、要旨《ようし》を把握《はあく》したりすることができる。
	N2	**日常的《にちじょうてき》な場面《ばめん》で使《つか》われる日本語《にほんご》の理解《りかい》に加《くわ》え、より幅広《はばひろ》い場面《ばめん》で使《つか》われる日本語《にほんご》をある程度理《ていどり》解《かい》することができる** 【読《よ》む】 • 幅広《はばひろ》い話題《わだい》について書《か》かれた新聞《しんぶん》や雑誌《ざっし》の記事《きじ》・解説《かいせつ》、平易《へいい》な評論《ひょうろん》など、論旨《ろんし》が明快《めいかい》な文章《ぶんしょう》を読《よ》んで文章《ぶんしょう》の内容《ないよう》を理解《りかい》することができる。 • 一般的《いっぱんてき》な話題《わだい》に関《かん》する読《よ》み物《もの》を読《よ》んで、話《はなし》の流《なが》れや表現意図《ひょうげんいと》を理解《りかい》することができる。 【聞《き》く】 • 日常的《にちじょうてき》な場面《ばめん》に加《くわ》えて幅広《はばひろ》い場面《ばめん》で、自然《しぜん》に近《ちか》いスピードの、まとまりのある会話《かいわ》やニュースを聞《き》いて、話《はなし》の流《なが》れや内容《ないよう》、登場人物《とうじょうじんぶつ》の関係《かんけい》を理解《りかい》したり、要旨《ようし》を把握《はあく》したりすることができる。
	N3	**日常的《にちじょうてき》な場面《ばめん》で使われる日本語《にほんご》をある程度理解《ていどりかい》することができる** 【読《よ》む】 • 日常的《にちじょうてき》な話題《わだい》について書《か》かれた具体的《ぐたいてき》な内容《ないよう》を表《あらわ》す文章《ぶんしょう》を、読《よ》んで理解《りかい》することができる。 • 新聞《しんぶん》の見出《みだ》しなどから情報《じょうほう》の概要《がいよう》をつかむことができる。 • 日常的《にちじょうてき》な場面《ばめん》で目《め》にする範囲《はんい》の難易度《なんいど》がやや高《たか》い文章《ぶんしょう》は、言《い》い換《か》え表現《ひょうげん》が与《あた》えられれば、要旨《ようし》を理解《りかい》することができる。 【聞《き》く】 • 日常的《にちじょうてき》な場面《ばめん》で、やや自然《しぜん》に近《ちか》いスピードのまとまりのある会話《かいわ》を聞《き》いて、話《はなし》の具体的《ぐたいてき》な内容《ないよう》を登場人物《とうじょうじんぶつ》の関係《かんけい》などとあわせてほぼ理解《りかい》できる。
↓	N4	**基本的《きほんてき》な日本語《にほんご》を理解《りかい》することができる** 【読《よ》む】 • 基本的《きほんてき》な語彙《ごい》や漢字《かんじ》を使《つか》って書《か》かれた日常生活《にちじょうせいかつ》の中《なか》でも身近《みぢか》な話題《わだい》の文章《ぶんしょう》を、読《よ》んで理解《りかい》することができる。 【聞《き》く】 • 日常的《にちじょうてき》な場面《ばめん》で、ややゆっくりと話《はな》される会話《かいわ》であれば、内容《ないよう》がほぼ理解《りかい》できる。
やさしい	N5	**基本的《きほんてき》な日本語《にほんご》をある程度理解《ていどりかい》することができる** 【読《よ》む】 ひらがなやカタカナ、日常生活《にちじょうせいかつ》で用《もち》いられる基本的《きほんてき》な漢字《かんじ》で書《か》かれた定型的《ていけいてき》な語句《ごく》や文《ぶん》、文章《ぶんしょう》を読《よ》んで理解《りかい》することができる。 【聞《き》く】 • 教室《きょうしつ》や、身《み》の回《まわ》りなど、日常生活《にちじょうせいかつ》の中《なか》でもよく出会《であ》う場面《ばめん》で、ゆっくり話《はな》される短《みじか》い会話《かいわ》であれば、必要《ひつよう》な情報《じょうほう》を聞《き》き取《と》ることができる。

出典　日本語能力試験公式ウェブサイト（http://www.jlpt.jp/）

日本語能力試験《にほんごのうりょくしけん》の科目《かもく》は？

●どんな科目《かもく》があるのか

- N１とN２は「言語知識《げんごちしき》（文字《もじ》・語彙《ごい》・文法《ぶんぽう》）・読解《どっかい》」と「聴解《ちょうかい》」の２科目《かもく》。
- N３、N４、N５は「言語知識《げんごちしき》（文字《もじ》・語彙《ごい》）」「言語知識《げんごちしき》（文法《ぶんぽう》）・読解《どっかい》」「聴解《ちょうかい》」の３科目《かもく》。

●科目《かもく》と時間《じかん》

レベル	試験科目《しけんかもく》（試験時間《しけんじかん》）		
N１	言語知識《げんごちしき》（文字《もじ》・語彙《ごい》・文法《ぶんぽう》）・読解《どっかい》 （110分《ぷん》）		聴解《ちょうかい》 （60分《ぷん》）
N２	言語知識《げんごちしき》（文字《もじ》・語彙《ごい》・文法《ぶんぽう》）・読解《どっかい》 （105分《ぷん》）		聴解《ちょうかい》 （50分《ぷん》）
N３	言語知識《げんごちしき》（文字《もじ》・語彙《ごい》） （30分《ぷん》）	言語知識《げんごちしき》（文法《ぶんぽう》）・読解《どっかい》 （70分《ぷん》）	聴解《ちょうかい》 （40分《ぷん》）
N４	言語知識《げんごちしき》（文字《もじ》・語彙《ごい》） （30分《ぷん》）	言語知識《げんごちしき》（文法《ぶんぽう》）・読解《どっかい》 （60分《ぷん》）	聴解《ちょうかい》 （35分《ぷん》）
N５	言語知識《げんごちしき》（文字《もじ》・語彙《ごい》） （25分《ぷん》）	言語知識《げんごちしき》（文法《ぶんぽう》）・読解《どっかい》 （50分《ぷん》）	聴解《ちょうかい》 （30分《ぷん》）

●解答《かいとう》のしかた

- 解答用紙《かいとうようし》（マークシート式《しき》）に記入《きにゅう》します。正《ただ》しい答《こた》えの番号《ばんごう》を塗《ぬ》りつぶす形《かたち》で解答《かいとう》します。
- 作文《さくぶん》や会話《かいわ》の試験《しけん》はありません。文《ぶん》を書《か》いたり、話《はな》したりすることはありません。

どんな問題《もんだい》が出《で》るのか

●問題《もんだい》の構成《こうせい》と問題数《もんだいすう》

試験科目《しけんかもく》		大問《だいもん》（測《はか》ろうとする能力《のうりょく》）	問題数《もんだいすう》				
			N1	N2	N3	N4	N5
言語《げんご》知識《ちしき》・読解《どっかい》	文字《もじ》・語彙《ごい》	漢字読《かんじよ》み	6	5	8	9	12
		表記《ひょうき》	—	5	6	6	8
		語形成《ごけいせい》	—	5	—	—	—
		文脈規定《ぶんみゃくきてい》	7	7	11	10	10
		言《い》い換《か》え類義《るいぎ》	6	5	5	5	5
		用法《ようほう》	6	5	5	5	—
		問題数合計《もんだいすうごうけい》	25	32	35	35	35
	文法《ぶんぽう》	文《ぶん》の文法《ぶんぽう》1（文法形式《ぶんぽうけいしき》の判断《はんだん》）	10	12	13	15	16
		文《ぶん》の文法《ぶんぽう》2（文《ぶん》の組《く》み立《た》て）	5	5	5	5	5
		文章《ぶんしょう》の文法《ぶんぽう》	5	5	5	5	5
		問題数合計《もんだいすうごうけい》	20	22	23	25	26
	読解《どっかい》	内容理解《ないようりかい》（短文《たんぶん》）	4	5	4	4	3
		内容理解《ないようりかい》（中文《ちゅうぶん》）	9	9	6	4	2
		内容理解《ないようりかい》（長文《ちょうぶん》）	4	—	4	—	—
		統合理解《とうごうりかい》	3	2	—	—	—
		主張理解《しゅちょうりかい》（長文《ちょうぶん》）	4	3	—	—	—
		情報検索《じょうほうけんさく》	2	2	2	2	1
		問題数合計《もんだいすうごうけい》	26	21	16	10	6
聴解《ちょうかい》		課題理解《かだいりかい》	6	5	6	8	7
		ポイント理解《りかい》	7	6	6	7	6
		概要理解《がいようりかい》	6	5	3	—	—
		発話表現《はつわひょうげん》	—	—	4	5	5
		即時応答《そくじおうとう》	14	12	9	8	6
		統合理解《とうごうりかい》	4	4	—	—	—
		問題数合計《もんだいすうごうけい》	37	32	28	28	24

問題数《もんだいすう》は出題《しゅつだい》される目安《めやす》ですから、実際《じっさい》の試験《しけん》では多少異《たしょうこと》なることがあります。

●どんな能力《のうりょく》を測《はか》るのか（N2の場合《ばあい》）

N2　大問《だいもん》のねらい

試験《しけん》科目《かもく》		問題《もんだい》の構成《こうせい》		
		大問《だいもん》		ねらい
言語《げんご》知識《ちしき》・読解《どっかい》	文字《もじ》・語彙《ごい》	1	漢字《かんじ》読《よ》み	漢字《かんじ》で書《か》かれた語《ご》の読《よ》み方《かた》を問《と》う
		2	文脈《ぶんみゃく》規定《きてい》	文脈《ぶんみゃく》によって意味的《いみてき》に規定《きてい》される語《ご》が何《なん》であるかを問《と》う
		3	言《い》い換《か》え類義《るいぎ》	出題《しゅつだい》される語《ご》や表現《ひょうげん》と意味的《いみてき》に近《ちか》い語《ご》や表現《ひょうげん》を問《と》う
		4	用法《ようほう》	出題語《しゅつだいご》が文《ぶん》の中《なか》でどのように使《つか》われるのかを問《と》う
	文法《ぶんぽう》	5	文《ぶん》の文法《ぶんぽう》1 （文法形式《ぶんぽうけいしき》の判断《はんだん》）	文《ぶん》の内容《ないよう》に合《あ》った文法形式《ぶんぽうけいしき》かどうかを判断《はんだん》することができるかを問《と》う
		6	文《ぶん》の文法《ぶんぽう》2 （文《ぶん》の組《く》み立《た》て）	統語的《とうごてき》に正《ただ》しく、かつ、意味《いみ》が通《とお》る文《ぶん》を組《く》み立《た》てることができるかを問《と》う
		7	文章《ぶんしょう》の文法《ぶんぽう》	文章《ぶんしょう》の流《なが》れに合《あ》った文《ぶん》かどうかを判断《はんだん》することができるかを問《と》う
	読解《どっかい》	8	内容《ないよう》理解《りかい》（短文《たんぶん》）	生活《せいかつ》・仕事《しごと》などいろいろな話題《わだい》も含《ふく》め、説明文《せつめいぶん》や指示文《しじぶん》など200字程《じてい》度《ど》のテキストを読《よ》んで、内容《ないよう》が理解《りかい》できるかを問《と》う
		9	内容《ないよう》理解《りかい》（中文《ちゅうぶん》）	評論《ひょうろん》、解説《かいせつ》、エッセイなど500字程度《じていど》のテキストを読《よ》んで、因果関係《いんがかんけい》や理由《りゆう》などが理解《りかい》できるかを問《と》う
		10	内容《ないよう》理解《りかい》（長文《ちょうぶん》）	解説《かいせつ》、エッセイ、小説《しょうせつ》など1000字程度《じていど》のテキストを読《よ》んで、概要《がいよう》や筆《ひっ》者《しゃ》の考《かんが》えなどが理解《りかい》できるかを問《と》う
		11	統合《とうごう》理解《りかい》	複数《ふくすう》のテキスト（合計《ごうけい》600字程度《じていど》）を読《よ》み比《くら》べて、比較《ひかく》・統合《とうごう》しながら理解《りかい》できるかを問《と》う
		12	主張《しゅちょう》理解《りかい》（長文《ちょうぶん》）	社説《しゃせつ》、評論《ひょうろん》など抽象性《ちゅうしょうせい》・論理性《ろんりせい》のある1000字程度《じていど》のテキストを読《よ》んで、全体《ぜんたい》として伝《つた》えようとしている主張《しゅちょう》や意見《いけん》がつかめるかを問《と》う
		13	情報検索《じょうほうけんさく》	広告《こうこく》、パンフレット、情報誌《じょうほうし》、ビジネス文書《ぶんしょ》などの情報素材《じょうほうそざい》（700字《じ》程度《ていど》）の中《なか》から必要《ひつよう》な情報《じょうほう》を探《さが》し出《だ》すことができるかを問《と》う
聴解《ちょうかい》		1	課題《かだい》理解《りかい》	まとまりのあるテキストを聞《き》いて、内容《ないよう》が理解《りかい》できるかどうかを問《と》う（具体的《ぐたいてき》な課題解決《かだいかいけつ》に必要《ひつよう》な情報《じょうほう》を聞《き》き取《と》り、次《つぎ》に何《なに》をするのが適当《てきとう》か理解《りかい》できるかを問《と》う）
		2	ポイント理解《りかい》	まとまりのあるテキストを聞《き》いて、内容《ないよう》が理解《りかい》できるかどうかを問《と》う（事前《じぜん》に示《しめ》されている聞《き》くべきことをふまえ、ポイントを絞《しぼ》って聞《き》くことができるかを問《と》う）
		3	概要《がいよう》理解《りかい》	まとまりのあるテキストを聞《き》いて、内容《ないよう》が理解《りかい》できるかどうかを問《と》う（テキスト全体《ぜんたい》から話者《わしゃ》の意図《いと》や主張《しゅちょう》などが理解《りかい》できるかを問《と》う）
		4	即時応答《そくじおうとう》	質問《しつもん》などの短《みじか》い発話《はつわ》を聞《き》いて、適切《てきせつ》な応答《おうとう》が選択《せんたく》できるかを問《と》う
		5	統合《とうごう》理解《りかい》	長《なが》めのテキストを聞《き》いて、複数《ふくすう》の情報《じょうほう》を比較《ひかく》・統合《とうごう》しながら、内容《ないよう》が理解《りかい》できるかを問《と》う

出典　日本語能力試験公式ウェブサイト（http://www.jlpt.jp/）

合格《ごうかく》・不合格《ふごうかく》はどのように決《き》まるのか

●合格《ごうかく》・不合格《ふごうかく》の判定《はんてい》

• 合格《ごうかく》するためには、

①総合得点《そうごうとくてん》が合格点以上《ごうかくてんいじょう》であること

②各得点区分《かくとくてんくぶん》（言語知識《げんごちしき》・読解《どっかい》・聴解《ちょうかい》）の得点《とくてん》が、それぞれ基準点以上《きじゅんてんいじょう》であること

以上の①②が必要《ひつよう》です。これは、バランスよく総合的《そうごうてき》な日本語《にほんご》の力《ちから》を判定《はんてい》するためです。

• 一《ひと》つでも基準点《きじゅんてん》に達《たっ》していない得点区分《とくてんくぶん》があると、総合得点《そうごうとくてん》が合格点以上《ごうかくてんいじょう》であっても不合格《ふごうかく》になります。

• また、受験《じゅけん》しない試験科目《しけんかもく》があると、合否判定《ごうひはんてい》は不合格《ふごうかく》となります。

●各《かく》レベルの合格点《ごうかくてん》と基準点《きじゅんてん》

レベル	総合得点《そうごうとくてん》		得点区分別得点《とくてんくぶんべつとくてん》					
			言語知識《げんごちしき》（文字《もじ》・語彙《ごい》・文法《ぶんぽう》）		読解《どっかい》		聴解《ちょうかい》	
	得点《とくてん》の範囲《はんい》	合格点《ごうかくてん》	得点《とくてん》の範囲《はんい》	基準点《きじゅんてん》	得点《とくてん》の範囲《はんい》	基準点《きじゅんてん》	得点《とくてん》の範囲《はんい》	基準点《きじゅんてん》
N1	0～180点《てん》	100点《てん》	0～60点《てん》	19点《てん》	0～60点《てん》	19点《てん》	0～60点《てん》	19点《てん》
N2	0～180点《てん》	90点《てん》	0～60点《てん》	19点《てん》	0～60点《てん》	19点《てん》	0～60点《てん》	19点《てん》
N3	0～180点《てん》	95点《てん》	0～60点《てん》	19点《てん》	0～60点《てん》	19点《てん》	0～60点《てん》	19点《てん》

レベル	総合得点《そうごうとくてん》		得点区分別得点《とくてんくぶんべつとくてん》			
			言語知識《げんごちしき》（文字《もじ》・語彙《ごい》・文法《ぶんぽう》）・読解《どっかい》		聴解《ちょうかい》	
	得点《とくてん》の範囲《はんい》	合格点《ごうかくてん》	得点《とくてん》の範囲《はんい》	基準点《きじゅんてん》	得点《とくてん》の範囲《はんい》	基準点《きじゅんてん》
N4	0～180点《てん》	90点《てん》	0～120点《てん》	38点《てん》	0～60点《てん》	19点《てん》
N5	0～180点《てん》	80点《てん》	0～120点《てん》	38点《てん》	0～60点《てん》	19点《てん》

出典　日本語能力試験公式ウェブサイト（http://www.jlpt.jp/）

●尺度得点《しゃくどとくてん》（得点等化《とくてんとうか》）とは

試験問題《しけんもんだい》には難《むずか》しい問題《もんだい》、易《やさ》しい問題《もんだい》があり、受験《じゅけん》する回《かい》ごとに難易度《なんいど》をまったく同《おな》じにすることは困難《こんなん》です。そこで、日本語能力試験《にほんごのうりょくしけん》では、どの回《かい》の試験《しけん》を受《う》けても、同《おな》じ能力《のうりょく》であれば同《おな》じ得点《とくてん》になるように、尺度得点《しゃくどとくてん》を利用《りよう》します。

尺度得点《しゃくどとくてん》を利用《りよう》することによって、試験《しけん》の得点《とくてん》が、問題《もんだい》の難易度《なんいど》の影響《えいきょう》を受《う》けることをなくします。また、何度《なんど》も同《おな》じレベルの試験《しけん》を受《う》ける人《ひと》は、前《まえ》の試験《しけん》と比《くら》べて、どのくらい能力《のうりょく》が伸《の》びたかがわかります。

試験《しけん》の結果《けっか》

●結果《けっか》はどのように通知《つうち》されるか

- 日本国内《にほんこくない》で受験《じゅけん》した人《ひと》には日本国際教育支援協会《にほんこくさいきょういくしえんきょうかい》から、海外《かいがい》で受験《じゅけん》した人《ひと》には各実施機関《かくじっしきかん》を通《つう》じて、合格《ごうかく》か不合格《ふごうかく》かが通知《つうち》されます。
- 受験者全員《じゅけんしゃぜんいん》に「合否結果通知書《ごうひけっかつうちしょ》」が発行《はっこう》されます。
- 合格《ごうかく》した人《ひと》には「日本語能力認定書《にほんごのうりょくにんていしょ》」が発行《はっこう》されます。

この本《ほん》の使《つか》い方《かた》

時間《じかん》を区切《くぎ》って、問題《もんだい》をやってみよう

- 静《しず》かな部屋《へや》でやってください。
- 別冊《べっさつ》に解答用紙《かいとうようし》（マークシート式《しき》）があります。解答用紙《かいとうようし》はコピーして使《つか》ってください。
- 解答用紙《かいとうようし》は、「言語知識《げんごちしき》（文字《もじ》・語彙《ごい》・文法《ぶんぽう》）・読解《どっかい》」用《よう》と「聴解《ちょうかい》」用《よう》があります。
- 解答用紙《かいとうようし》に、本番《ほんばん》と同《おな》じように答《こた》えを記入《きにゅう》しながら、問題《もんだい》を解《と》いてください。
- 本番《ほんばん》と同《おな》じ気持《きも》ちでやってください。
- 時間《じかん》は以下《いか》の通《とお》りです。

言語知識《げんごちしき》（文字《もじ》・語彙《ごい》・文法《ぶんぽう》）・読解《どっかい》		105 分《ふん》
休憩《きゅうけい》	40 分《ぷん》	
聴解《ちょうかい》	50 分《ぷん》	

- 「言語知識《げんごちしき》」は、長時間《ちょうじかん》になりますが、時間《じかん》を守《まも》って集中《しゅうちゅう》して解《と》いてください。
- 「聴解《ちょうかい》」も、実際《じっさい》の時間《じかん》に合《あ》わせてありますから、途中《とちゅう》でCDを止《と》めずにやってください。

問題《もんだい》を解《と》いたら、別冊《べっさつ》の解答《かいとう》を見《み》て、答《こた》え合《あ》わせをしよう

- 解答《かいとう》は、別冊《べっさつ》の以下《いか》のページにあります。

第《だい》1回《かい》　10ページ　　第《だい》2回《かい》　11ページ　　第《だい》3回《かい》　12ページ

以下《いか》の計算方法《けいさんほうほう》にそって、自分《じぶん》で合否判定《ごうひはんてい》をしてみよう

60 ×（あなたが正解《せいかい》した数《かず》）÷ 問題数《もんだいすう》

問題数《もんだいすう》：この本《ほん》では
- 言語知識《げんごちしき》（文字《もじ》・語彙《ごい》・文法《ぶんぽう》）は 54 問《もん》
- 読解《どっかい》は 21 問《もん》
- 聴解《ちょうかい》は 32 問《もん》

ですから、

言語知識《げんごちしき》	60	×（あなたが正解《せいかい》した数《かず》）÷ 54 ＝
読解《どっかい》	60	×（あなたが正解《せいかい》した数《かず》）÷ 21 ＝
聴解《ちょうかい》	60	×（あなたが正解《せいかい》した数《かず》）÷ 32 ＝

この結果《けっか》を、記録票《きろくひょう》に書《か》こう

- 記録票《きろくひょう》は、177 ～ 179 ページにあります。

【記録票《きろくひょう》の書《か》き方《かた》の例《れい》】 正解《せいかい》の数《かず》：言語知識《げんごちしき》40 問《もん》、読解《どっかい》15 問《もん》、聴解《ちょうかい》10 問《もん》の場合《ばあい》

言語知識《げんごちしき》　$60 \times 40 \div 54 = 44.4$

読《どっ》　解《かい》　$60 \times 15 \div 21 = 42.8$

聴《ちょう》　解《かい》　$60 \times 10 \div 32 = 18.7$

第《だい》1回《かい》　模擬《もぎ》テスト

実施日《じっしび》	総合得点《そうごうとくてん》（合格点《ごうかくてん》は90点《てん》）	得点区分別得点《とくてんくぶんべつとくてん》（19点以下《てんいか》は不合格《ふごうかく》）			合格《ごうかく》・不合格《ふごうかく》	自分《じぶん》の記録《きろく》（反省点《はんせいてん》など）
		言語知識《げんごちしき》	読解《どっかい》	聴解《ちょうかい》		
10/8	105.9 ／ 180	44.4 ／ 60	42.8 ／ 60	18.7 ／ 60	不合格	聴解が早くて聴き取れなかった。 読解は時間が足りなかった。 間違えた言葉：○○、●●
	／ 180	／ 60	／ 60	／ 60		
	／ 180	／ 60	／ 60	／ 60		

この場合《ばあい》は、総合得点《そうごうとくてん》は合格点《ごうかくてん》ですが、聴解《ちょうかい》の得点《とくてん》が基準点以下《きじゅんてんいか》なので、不合格《ふごうかく》になります。

- 自分《じぶん》の間違《まちが》えたところや、わからなかった言葉《ことば》を、記録票《きろくひょう》（177 ～ 179 ページ）に記入《きにゅう》してください。なるべく、細《こま》かく記録《きろく》を残《のこ》しておきましょう。
- 間違《まちが》えたところや、わからなかった言葉《ことば》は、勉強《べんきょう》しなおして、次回《じかい》には、同《おな》じところを、二度《にど》と間違《まちが》えないようにしましょう。

自分《じぶん》の弱点《じゃくてん》を分析《ぶんせき》しよう

- この「記録票《きろくひょう》」を見《み》ながら、自分《じぶん》の弱点《じゃくてん》を知《し》ることが大事《だいじ》です。
- 一《ひと》つでも基準点以下《きじゅんてんいか》の得点区分《とくてんくぶん》があると、総合得点《そうごうとくてん》が合格点以上《ごうかくてんいじょう》でも、不合格《ふごうかく》になってしまいます。自分《じぶん》の弱《よわ》いところ（この例《れい》では聴解《ちょうかい》）を、集中的《しゅうちゅうてき》に勉強《べんきょう》しましょう。

どんな勉強《べんきょう》をすればいいのか

- 間違《まちが》えたところや、わからなかった言葉《ことば》は、すぐに、辞書《じしょ》などで確認《かくにん》してください。

【言語知識《げんごちしき》（文字《もじ》・語彙《ごい》・文法《ぶんぽう》）が苦手《にがて》だったら】

- ほかの練習問題集《れんしゅうもんだいしゅう》で、似《に》た問題《もんだい》を探《さが》してやってみてください。
- 正解《せいかい》の言葉《ことば》だけでなく、せんたくしの中《なか》に、知《し》らない言葉《ことば》があったら、辞書《じしょ》で調《しら》べましょう。そして、その言葉《ことば》と正解《せいかい》の言葉《ことば》の違《ちが》いを確認《かくにん》しておきましょう。

【読解《どっかい》が苦手《にがて》だったら】

- 間違《まちが》えた原因《げんいん》はどこにあるのか、分析《ぶんせき》しましょう。
- 間違《まちが》えたのは、文法《ぶんぽう》なのか、語彙《ごい》なのか、自分《じぶん》で確認《かくにん》することが大事《だいじ》です。

【聴解《ちょうかい》が苦手《にがて》だったら】

- 読解《どっかい》と同《おな》じように、間違《まちが》えた原因《げんいん》を分析《ぶんせき》してください。
- 何度《なんど》も繰《く》り返《かえ》して聞《き》いて、確認《かくにん》しましょう。それでもわからない場合《ばあい》は、スクリプトを見《み》ながら聞《き》いてください。
- 自然《しぜん》な速度《そくど》に慣《な》れるよう、何度《なんど》も聞《き》いて練習《れんしゅう》してください。
- 問題《もんだい》を聞《き》きながら、必要《ひつよう》なことをメモする練習《れんしゅう》をしましょう。
- 聴解《ちょうかい》では、問題《もんだい》がどんどん進《すす》んでいきます。わからなかった問題《もんだい》のことはいつまでも考《かんが》えていないで、次《つぎ》の問題《もんだい》に集中《しゅうちゅう》するよう、訓練《くんれん》しましょう。

- 模擬《もぎ》テストは、何度《なんど》も繰《く》り返《かえ》して、やってみましょう。同《おな》じ回《かい》のものを続《つづ》けてやるより、第《だい》１～３回《かい》をやってから、また第《だい》１～３回《かい》をやってみるほうが効果的《こうかてき》です。

日本語能力試験　スーパー模試　N2

第１回

第１回

言語知識（文字・語彙・文法）・読解
（105分）

問題１ ＿＿＿＿＿の言葉の読み方として最もよいものを、１・２・３・４から一つ選びなさい。

1 この事故《じこ》は、会社の信用に<u>係わる</u>問題だ。

1 そなわる　2 かかわる　3 たずさわる　4 つたわる

2 この本を読んだ感想を、簡単に<u>述べなさい</u>。

1 くらべなさい　2 しらべなさい　3 のべなさい　4 むべなさい

3 雨が急に強くなってきた。<u>大型</u>の台風が近づいているそうだ。

1 おうけい　2 おがた　3 おおかた　4 おおがた

4 <u>郊外</u>に住んでいるので、毎日５時に起きて通勤している。

1 いなか　2 かいがい　3 こうがい　4 とがい

5 日曜日のスーパーは、いつも買い物客で<u>混雑</u>している。

1 こんざつ　2 こんわく　3 こんらん　4 ふくざつ

問題２　＿＿＿＿＿の言葉を漢字で書くとき最もよいものを、１・２・３・４から一つ選びなさい。

6 今回の会議では、日本経済の現状としょうらいについて考えたい。

1 奨来　2 将来　3 未来　4 生来

7 日本に留学して１年たち、やっと日本の気候に慣れてきた。

1 立ち　2 達ち　3 経ち　4 発ち

8 先生におこられたのが刺激になり、その後、彼はまじめに勉強している。

1 怒られた　2 叱られた　3 起られた　4 測られた

9 インターネットを使うと、多くのじょうほうを集めることができる。

1 状況　2 条報　3 情況　4 情報

10 物と物を交換することが、後のお金によるばいばいにつながった。

1 売買　2 買売　3 販売　4 購買

問題３　（　　　　）に入れるのに最もよいものを、１・２・３・４から一つ選びなさい。

11 飲み終わったジュースの缶を、車の窓から投げ（　　　　）はいけない。

1　返して　　2　かけて　　3　すてて　　4　あたえて

12 たまごに牛乳とさとうを加えて、よくかき（　　　　）からフライパンで焼いてください。

1　まぜて　　2　あわせて　　3　きって　　4　こんで

13 この仕事は、責任（　　　　）のある田中さんに頼もうと思っている。

1　性　　2　的　　3　心　　4　感

14 彼は、私が電車に置き忘れたかさを持って、追い（　　　　）きてくれた。

1　かけて　　2　こして　　3　だして　　4　はらって

15 日本では、20歳になっていない（　　　　）青年は、お酒を飲んではいけないことになっている。

1　不　　2　未　　3　非　　4　前

問題４（　　　　）に入れるのに最もよいものを、１・２・３・４から一つ選びなさい。

16 彼は私たちの敵《てき》なのか（　　　　）なのか、まだよくわからない。

1 協力　　2 味方　　3 同様　　4 助手

17 彼は、親の期待に（　　　　）学者になった。

1 あわせて　　2 そなえて　　3 こたえて　　4 きいて

18 箱の中には、おいしそうなチョコレートが（　　　　）つまっていた。

1 ぎっしり　　2 さっぱり　　3 きっぱり　　4 きっかり

19 休日にボランティア活動をすることで、少しでも社会（　　　　）したいと考えている。

1 貢献《こうけん》　　2 効果　　3 工夫　　4 支障

20 駅からうちまでの道は、（　　　　）坂になっている。

1 おだやかな　　2 なだらかな　　3 だらしない　　4 くだらない

21 ほかのものと（　　　　）するために、田中さんへのプレゼントには赤いリボンがつけてあります。

1 差別　　2 種別　　3 分別　　4 区別

22 毎日（　　　　）風景が、今日はなぜか新鮮《しんせん》に見える。

1 みつめた　　2 みつけた　　3 みとめた　　4 みなれた

問題５　＿＿＿＿＿の言葉に意味が最も近いものを、1・2・3・4から一つ選びなさい。

23 警官は、<u>ただちに</u>自動車事故の現場にかけつけた。

1　あとで　　2　おそく　　3　まえに　　4　すぐに

24 新しい機械を<u>用いて</u>、仕事の効率《こうりつ》をあげよう。

1　使って　　2　買って　　3　借りて　　4　作って

25 留学をしようと思っているのだが、まだいくつかの理由で<u>ためらって</u>いる。

1　断って　　2　迷って　　3　数えて　　4　あげて

26 駅へ行く途中で、<u>ばったり</u>先生と会った。

1　急に　　2　つい　　3　ふと　　4　偶然

27 一目会いたくて急いでかけつけたが、彼女の乗った飛行機は、<u>すでに</u>離陸《りりく》していた。

1　まだ　　2　すぐ　　3　もう　　4　もうすぐ

問題６　次の言葉の使い方として最もよいものを、１・２・３・４から一つ選びなさい。

28 こっそり

1　言いたいことは大きな声でこっそり言わないと、分からないよ。

2　テニスをして汗をかいたので、シャワーを浴びてこっそりした。

3　素敵《すてき》な色のくつですね。その色は、あなたにこっそりですね。

4　遅刻してしまったので、教室の後ろのドアからこっそり中に入った。

29 せまる

1　線路にせまってずっと行くと、右側に大きな図書館が見えてきます。

2　試験が１週間後にせまったので、毎日遅くまで勉強している。

3　がまんも限界にせまったので、とうとう怒りが爆発してしまった。

4　今日は一人も休まずせまって参加できたので、よかったと思う。

30 ざっと

1　毎朝、コーヒーを飲みながら、新聞にざっと目を通す。

2　カギがかかっていなかったので、ドアをざっと押してみた。

3　本の発売と同時にざっと注文がきたため、社内は大忙しだ。

4　昨日の授業中、初めて、となりの人にざっと話しかけてみた。

31 普及《ふきゅう》

1　普及の力を出せば、この試合には必ず勝てるだろう。

2　現在、車は一家に１台に近い割合で普及している。

3　時間はたくさんあるから、普及によく考えてください。

4　テレビやゲームが子供に与える普及は、はかりしれない。

32 なんとなく

1　なんとなく外の空気が吸いたくなって、散歩に出た。

2　合格かどうかはまだなんとなく言えないのは、残念だ。

3　できるかどうかわからないが、なんとなくやってみよう。

4　なんとなく困った事態を招いてしまったが、どうしよう。

問題７　次の文の（　　　　）に入れるのに最もよいものを、１・２・３・４から一つ選びなさい。

33 いろいろ悩んだ（　　　　）、会社をやめることにしました。

1　あげく　　2　うちに　　3　とおりに　　4　かわりに

34 あなたに（　　　　）一番大切な思い出は、なんですか。

1　ついて　　2　つけて　　3　とって　　4　しては

35 あんなに仲のよかった南さん夫婦が離婚した（　　　　）信じられない。

1　なんて　　2　ほど　　3　ところ　　4　あまり

36 あの人が手伝ってくれるかどうかは、頼み方（　　　　）。

1　限りだ　　2　わけだ　　3　せいだ　　4　次第だ

37 風邪で１日休んだ（　　　　）、テストが受けられず、卒業できなかった。

1　ことに　　2　ばかりに　　3　にしろ　　4　とともに

38 激しい雨に（　　　　）、風もひどくなってきたようだ。

1　たいして　　2　あたって　　3　さいして　　4　くわえて

39 部屋に入った（　　　　）、電話のベルが鳴り出した。

1　うえで　　2　ことか　　3　とたん　　4　すえに

40 子供たちが帰った後は、部屋中に物が散らかっていて、台風が来た（　　　　）。

1　かのようだ　　2　らしい　　3　にすぎない　　4　にほかならない

41 たくさんの人の前で話すのは下手だが、ぜひにと言われれば（　　　　）。

1　話すものではない　　2　話さないこともない

3　話すはずがない　　4　話すわけにはいかない

42 入院している父の病状が悪化して、（　　　　）。

1　心配ではいられない　　2　心配でたえない

3　心配でやむをえない　　4　心配でたまらない

43 今日の試合の相手は、去年の優勝者だった。負ける（　　　　）と思っていたが、勝つことができた。

1　にきまっている　　2　ことになっている

3　わけではない　　4　どころではない

44 野口英世《ひでよ》の伝記を読めば読むほど、彼を（　　　　）。

1　尊敬するおそれがある　　2　尊敬しようではないか

3　尊敬せずにはいられない　　4　尊敬するかのようだ

問題８　次の文の＿★＿に入る最もよいものを、１・２・３・４から一つ選びなさい。

（問題例）

あそこで ＿＿＿ ＿＿＿ ＿★＿ ＿＿＿ はだれですか。

1　本　　2　読んでいる　　3　を　　4　人

（解答の仕方）

１．正しい文はこうです。

あそこで ＿＿＿ ＿＿＿ ＿★＿ ＿＿＿ はだれですか。 1 本　3 を　2 読んでいる　4 人

２．＿★＿に入る番号を解答用紙にマークします。

（解答用紙）　（例）　①　●　③　④

---

45 さすがテニスを ＿＿＿ ＿＿＿ ＿★＿ ＿＿＿ 彼女は試合で何度も優勝しているそうだ。

1　だけのことは　　2　やっていた　　3　あって　　4　10年も

46 夫婦で結婚式に招待されたが、夫が出られなかったので、＿＿＿ ＿＿＿ ＿★＿ ＿＿＿ もらった。

1　代わり　　2　私の父に　　3　出席して　　4　夫に

47 話を聞くだけでなく、経験してみない ＿＿＿ ＿＿＿ ＿★＿ ＿＿＿ は理解できないであろう。

1　大変さ　　2　外国に住む　　3　ことには　　4　ことの

48 今日、私は仕事で来ているので、 ＿＿＿ ＿＿＿ ＿★＿ ＿＿＿ いかない。

1 酒を飲む　　2 パーティーだ　　3 からといって　　4 わけには

49 あんなに遅刻を ＿＿＿ ＿＿＿ ＿★＿ ＿＿＿ 彼は、試験の日も遅刻だった。

1 注意した　　2 いけないと

3 にもかかわらず　　4 しては

問題９　次の文章を読んで、文章全体の内容を考えて、[50]から[54]の中に入る最もよいものを１・２・３・４から一つ選びなさい。

コミュニケーションは、自分が言いたいことを話しているだけではダメです。伝えることができなければ、伝わらなければダメなのです。自分が言いたいことがどうしたら伝わるだろうか。もう少し声を大きくはっきり言ったほうがいいのだろうか、[50]主語と述語をはっきりさせたほうがいいのだろうか、笑顔でニコッとごまかしたほうがいいのだろうか、などいろいろなやり方があると思いますが、どうせ私の言うことなんか[51]からと、ふてくされてすねてしまうのが、一番ダメです。相手も伝えたいと思っているはずです。

たとえば、「どう、わかったの？」と聞かれたときに、もしわからなかったら、「わかりません」「もう少し説明をしてください」と丁寧《ていねい》に言ってください。

私もそうでしたが、若いときは、相手に聞き返すことは自分の頭が悪いと思われるんじゃないかとか、自分[52]きちんと相手の話を聞いていなかったと思われるのではないかと、いかにもわかった振《ふ》りをしてしまいます。

ですが、わかった振《ふ》りをして、どんどん誤解をしていくよりも、「すみません、もう一度[53]ください」とか「こういうことだと思っていいですか？」と聞き返したほうがはるかにいいのです。

コミュニケーションをしていく[54]、とても大事な能力が、質問する力です。日本人にはこの聞き返す能力、説明する力があまりないのですが、ぜひ身につけてほしい能力です。

（坂東眞理子『夢を実現する７つの力』ＫＫロングセラーズによる）

50

1 あるいは　2 それなら　3 すなわち　4 ところが

51

1 わかるわけにはいかない　2 わからないこともない

3 わからないではいられない　4 わかってもらえない

52

1 を　2 が　3 に　4 の

53

1 お聞かせて　2 聞かせる　3 お聞かせ　4 聞かせ

54

1 うえで　2 せいで　3 おかげで　4 かわりに

問題10　次の文章を読んで、後の問いに対する答えとして最もよいものを、1・2・3・4から一つ選びなさい。

（1）

　私たちが口にする食物の大部分は多くの水を含んで成り立っています。したがって、食物を食べることは同時に水をかなり体内に取り入れているわけです。もし、食物から水分を取り除いてしまうと、多量に水分を含んでいる食物ほど、その形を保《たも》て(注)なくなります。また、食物の水分は形態保持《けいたいほじ》(注)だけではなく、その食物の味覚の保持《ほじ》にも役立っているわけで、日時がかなり経過して水分が減少した食物がまずくなってしまった経験があるでしょう。普段それほど意識しない食物の水分が私たちの体に重要な役割を果たしているのです。

（平澤猛男『水のふしぎ発見』山海堂による）

（注）保《たも》つ／保持《ほじ》：ある状態を変えないで続けること

55 食物に含まれる水分の役割として、筆者が述べていないものはどれか。

1　食物の味を保《たも》つ
2　食物の形を保《たも》つ
3　人の体の形を保持《ほじ》する
4　人の体内に水を取り入れる

(2)

同じ距離《きょり》を電車に乗って通勤していても、電車に乗っている時間を、長いと感じる時と、「あれっ、もう着いたのか」と思うほど短く感じる時とがある。

では、その差はどこにあるのだろうか。一言で言うなら、「　　　　　　」ではないか。雑誌や本を一生懸命《いっしょうけんめい》になって読んでいたり、考えごとに没入《ぼつにゅう》(注)しているような時には、時間はあっという間に過ぎてしまう。ところが、手持ち無沙汰《ぶさた》で、何もすることもなく、考えることもないような時には、いつまでたっても、目的地に着かないような気がする。座っていても腰が痛くなってくる。

(秋庭道博『ことばの切れ味』講談社＋α文庫による)

(注) 没入《ぼつにゅう》：すっかり入りこむこと

56 「　　　　　　」に入る文として、最も適当なものはどれか。

1　目的地が近いか遠いか

2　通勤時間が長いか短いか

3　腰が痛くなってくるかこないか

4　何かに夢中になっているかいないか

(3)

教育者というのは、別に学校の教師に限らない。会社員の中にも、教育者としてのアイデンティティ(注)を持っている人はいる。街《まち》で子どもたちを集めてサッカースクールをやったり、剣道《けんどう》の教室をやったり、ピアノを教えたりという人は、たくさんいるだろう。その中には小遣《こづか》い稼《かせ》ぎだと思ってやる人もいるかもしれないが、多くの人は、子どもたちに何か大切なことを伝えたい、という思いをもってやっている。そういう人のアイデンティティは、教育者ということになる。

(齋藤　孝『教育力』岩波新書による)

(注) アイデンティティ：他と区別する自分らしさ。

57 筆者の言うそういう人とは、たとえば、どのような人か。

1　学校の教師になるために勉強している大学生
2　大切なことを伝えたいと思ってピアノを教えている人
3　小遣《こづか》いが欲しくてサッカースクールをやっている人
4　子どものころから剣道《けんどう》を続けている会社員

（4）

顔は、生きるためだけではなくて、ほかにもいろいろな役割をもっています。その一つは、その人を識別するための手がかりとしての役割です。顔を見れば、その人が男であるか、女であるか、何歳ぐらいであるか、ということがだいたい見当がつきます。中には見当がつかない人もいますが、要するに一種の「証明書《しょうめいしょ》としての役割」を顔は担《にな》っているのです。知っている人であれば、顔を見ればその人の名前もわかるでしょう。

（原島　博『顔学への招待』岩波科学ライブラリーによる）

58 筆者がこの文章で最も言いたいことは、どのようなことか。

1　顔は生きるためにあるのではなく、人を識別するという働きのためにある。

2　顔は生きるためのほかに、個々の人を見分けるための働きももっている。

3　顔は生きるためにあり、それぞれの人を見分けるという働きは重要ではない。

4　顔は性別、年齢を識別することよりも、生きるために重要な役割をもつ。

(5)

相手が何者かよくわからない社会では、無視黙殺《むしもくさつ》するほど危険なことはない。見知らぬ他人というのは、潜在的《せんざいてき》な敵《てき》(注1)である。そう思えば、相手を敵《てき》にまわさないためには親しくなるしかない。だから<u>初対面の相手とはせわしなく(注2)言葉を交わし</u>、「わたしはあなたに敵意《てきい》はないよ」「だからあなたもわたしに敵意《てきい》のないことを示してくれない？」とメッセージを送る。あかの他人というものから成り立っている社会では、そういうコミュニケーションの作法が発達するのだろう。

(上野千鶴子『国境　お構いなし』朝日文庫による)

(注1) 潜在的《せんざいてき》な敵《てき》：敵《てき》になる可能性のある人

(注2) せわしなく：落ち着かない様子で

59 なぜ、<u>初対面の相手とはせわしなく言葉を交わす</u>のか。

1　初対面の相手への挨拶《あいさつ》は、一般的な礼儀《れいぎ》作法だから。

2　相手に強い敵意《てきい》を持っていて、戦う必要があるから。

3　相手に自分が敵意《てきい》のないことを知ってもらいたいから。

4　相手が敵意《てきい》のない友好的な相手で、挨拶《あいさつ》しやすいから。

このページには、問題がありません。

問題 11　次の文章を読んで、後の問いに対する答えとして最もよいものを、1·2·3·4 から一つ選びなさい。

（1）

人間は成長するに従い、何度も皮をむいて新しくなる。

この脱皮《だっぴ》をさせてくれる助けはいろいろあるが、本はその大きなキッカケの一つである。あなたがある本とめぐり合って、その中にある一つのコトバが、何か心にかかりながら、そのときは過ぎてしまう。何年かたってふと思い出し、「そうか、そういうことだったのか、ほんとだ、あの著者のいいたかったのは、こういうことなんだな」とわかる、そのとき、あなたは一つの脱皮《だっぴ》をなしとげる。①そういうことが何度もいろんな本でおこなわれると、その蓄積《ちくせき》は次第に厚く深くなってゆくだろう。人生経験を積み重ね、それを裏打ちして自分にプラスしてゆくには、どうしても読書が必要になる。

とにかく言葉をたくさん知ることが望ましい。私たちはコトバを使って考えを組立てる。②積木の数は、なるべくたくさんでなければならない。さまざまな形のものも欲しい。本を読むことで、それらはいくつもできる気がする。口下手（注1）でコトバをすぐ唇《くちびる》にのぼせられない（若いときはそういうことが多い）人も、あたまの中にコトバがひしめいている（注2）。それでよいのだ。

（田辺聖子『読むことからの出発』講談社現代新書による）

（注1）口下手：話すことが苦手なこと
（注2）ひしめいている：すき間なく詰まっている

60 ①そういうこととは、何か。

1 人生で実際にいろいろな経験をしながら、何度も脱皮《だっぴ》すること

2 ある本の中の心にかかった言葉が、ずっと理解できないでいること

3 ある本の著者に会って、心にかかっていた言葉の意味を知ること

4 ある本の中の心にかかった言葉が、何年か後に理解でき、成長すること

61 この文章で、②積木とは、何のことか。

1 おもちゃ

2 言葉

3 読書

4 人生経験

62 筆者がこの文章で一番言いたいことは、どんなことか。

1 人間の成長には、読書は大きな助けになる。

2 人間が成長するには、人生経験をたくさん積むべきだ。

3 言葉をたくさん知ることができれば、本を書けるようになる。

4 読書をすれば、口下手な人も話せるようになるだろう。

（2）

　このあいだ、鎌倉駅から横須賀線に乗り込んで太宰治《だざいおさむ》(注)の写真アルバムを開いてすぐ、まだ鎌倉駅に停車中にこんな車内放送が耳に入ってきた。
「……前の三輌《りょう》は二つ目の大船《おおふな》駅で切り離しますので、御注意ねがいます」
　普段ならば、
「たしかに鎌倉から二つ目は大船《おおふな》だ。自分は二輌《りょう》目に乗ったのだから、大船《おおふな》に着くまでに、うしろの車輌《しゃりょう》に乗り移らなければいけない」
　と心の準備をするのであるが、そのときは一瞬混乱して何が何だかわからなくなってしまった。というのは、アナウンスのあったとき、ある写真につけられた説明文を読んでいる最中だったからである。その説明文とはこうだ。
「左から三人目が太宰《だざい》」
　説明文では、基点は左端の人物である。左端の人物を一人目としてかぞえる。ところが車内アナウンスでは、基点は「現在停車中のこの鎌倉駅」ではない。次の北鎌倉駅からかぞえている。そこでもし、説明文のやり方が正しいのならば、＜鎌倉→北鎌倉→大船《おおふな》……＞の順に駅が並んでいるのだから、車内のアナウンスは、
「　　　　　　　」
とならなければいけない。

（井上ひさし『ニホン語日記』文春文庫による）

（注）太宰《だざい》 治《おさむ》：1909 ～ 1948 年。日本の昭和時代を代表する小説家のひとり

63「　　　　　」に入る文は、どれか。

1　二つ目の大船《おおふな》駅で切り離しますので

2　二つ目の北鎌倉駅で切り離しますので

3　三つ目の大船《おおふな》駅で切り離しますので

4　三つ目の北鎌倉駅で切り離しますので

64 下の図は、筆者が見ていた写真アルバムの写真を図にあらわしたものである。この図の中で、「太宰《だざい》」はどれだと考えられるか

1　A

2　B

3　C

4　D

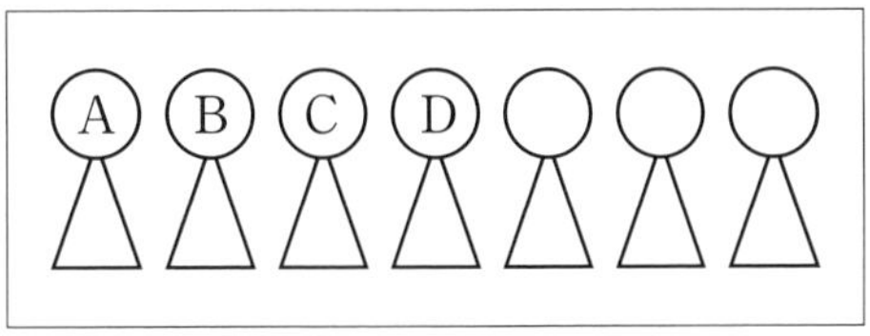

65 筆者は、車内アナウンスを聞いて、なぜ、混乱してしまったのか。

1　車内アナウンスで列車が切り離されてしまうことを知り、びっくりしたから。

2　写真の説明文の数え方と車内アナウンスによる駅の数え方が異なっていたから。

3　車内アナウンスで言っていることの意味がわかりにくかったから。

4　写真アルバムの説明文を読んでいる最中で、車内アナウンスに集中できなかったから。

（3）

子どもとかかわる仕事場と言えば、「学校」を思い浮かべる人が多いのではないでしょうか。僕《ぼく》は教師として小学校や中学校などの現場で働いたことは一度もありませんが、これまでに多くの子どもたちにかかわって仕事をしてきました。勉強も教えてきましたし、スポーツなども一緒にやってきました。

教師志望《しぼう》（注1）でもなかった僕《ぼく》が、こんなにも長く子どもにかかわる仕事をするようになるとは、①当時は夢にも思っていませんでした。そもそものきっかけは、アパートの一室を教室にして②塾《じゅく》を開設したことです。ただこれも自ら思い立ってではなく、勉強の苦手なわが子のことを悩んでいたお母さんたちが、近所に住む僕《ぼく》たちに「子どもたちに勉強を教えてもらえないか」と声をかけてきたのが始まりでした。

その頃《ころ》の僕《ぼく》は大学を卒業し、大学院に進んでいました。ちゃんとした仕事に就《つ》くまでのアルバイトのつもりで、友だち数人とこの仕事を引き受けたのです。

それが子どもたちにかかわる最初の最初でした。それから今日まで、ずっと子どもたちとともにきましたが、なぜこの仕事を続けてきたのかを考えてみると結局、子どもにかかわる仕事は、一度首をつっこむとそうそう抜けることができないくらい心躍《おど》る仕事だということ、同時に汲《く》めども汲《く》めども（注2）汲《く》みきれない魅力《みりょく》がある。奥の深い世界でした。

（佐藤洋作「不登校の子どものためのもう一つの小さな学校」
『子どもにかかわる仕事』岩波ジュニア新書による）

（注1）志望《しぼう》：こうなりたいと望むこと
（注2）汲《く》めども汲《く》めども：汲《く》んでも汲《く》んでも

66 ①当時とは、いつか。

1 大学生のとき

2 大学院生のとき

3 アルバイトしていたとき

4 教師になったとき

67 筆者が②塾《じゅく》を開設した理由は、何か。

1 自分の子どもが、勉強が苦手で悩んでいたから。

2 教師になりたかったが、学校の教師より楽だと思ったから。

3 大学を卒業したが、ちゃんとした仕事に就《つ》くことができなかったから。

4 近所のお母さんたちから、子どもに勉強を教えてほしいと言われたから。

68 筆者は、自分がしてきた「子どもとかかわる仕事」をどう考えているか。

1 やってみるとなかなかやめることができないくらい魅力《みりょく》的な仕事だ。

2 やってみると解決できない問題が多くて、やめるのが難しい仕事だ。

3 アルバイトのつもりで簡単にできるから、なかなかやめられない仕事だ。

4 子どもとスポーツもできるから、小中学校の教師より楽しい仕事だ。

問題12　次のAとBは、「体育の日」についての説明文である。AとBの両方を読んで、後の問いに対する答えとして最もよいものを、1・2・3・4から一つ選びなさい。

A

「体育の日」は、一九六六年（昭和四十一年）六月に成立した祝日である。当初は十月十日が「体育の日」だったが、十年ほど前から十月の第二月曜日に変わった。

一九六四年（昭和三十九年）十月十日、世界の九十四カ国からの選手が集まり、東京オリンピックの開会式が行われた。東京オリンピックは、すばらしい組織と運営によって、大成功をおさめた。また、カラーテレビで内外に放映されたこともあって、全ての国民がスポーツに大きな関心を持つようになった。そこで、開会式の行われた十月十日が体育の日として選ばれ、「スポーツにしたしみ、健康な心身をつちかう（注）」という趣旨《しゅし》のもとに、全ての国民が体育に親しむ日ができたのである。

（注）つちかう：大切に育てる

B

昭和四十一年に制定された「体育の日」が、この東京オリンピックの開催を記念したものであることはいうまでもない。中央記念行事の実施要綱《ようこう》にも『体育の日』は、かつてオリンピック東京大会の開会式を挙行《きょこう》した（注1）記念すべき日である」と明記してある。

ところが、祝日法を見ると、その意義は「スポーツにしたしみ、健康な心身をつちかう」としか書いていない。東京オリンピックのことなどまったく触れていないのだ。しかも、祝日法の改正で平成十二年からは十月十日ではなく、「十月の第二月曜日」になってしまった。これでは早晩（注2）、この日がオリンピック開会式の日であったことも、そのためにどんな苦労があったかも忘れさられてしまうだろう。

（産経新聞取材班『祝祭日の研究』角川ONEテーマ21による）

（注1）挙行する：行う
（注2）早晩：近いうちに

69 ＡとＢのどちらの記事にも触れられている内容はどれか。

1 「体育の日」が10月10日に決まった理由

2 「体育の日」に毎年「オリンピック」が行われる理由

3 「体育の日」が10月10日から10月の第二月曜日に変わった理由

4 「東京オリンピック」の開会式が10月10日に行われた理由

70 ＡとＢは「体育の日」が10月の第二月曜日になったことについて、どのような意見を持っているか。

1 Ａは残念に思っているが、Ｂは当然だと思っている。

2 ＡもＢも残念に思っている。

3 Ａは明らかにしていないが、Ｂは残念に思っている。

4 ＡもＢも明らかにしていない。

問題13　次の文章を読んで、後の問いに対する答えとして最もよいものを、1・2・3・4から一つ選びなさい。

「自分の家から駅までの地図を描《か》いてください」そういわれて、どの程度の地図が描けるだろうか。「これまで地図の読み方は学んできたが、地図の描《か》き方は知らない」といわれるかもしれないが、正確でなくてもよいから、一度描《か》いてみてほしい。

大学生のころ、心理学の授業《じゅぎょう》で、①この課題が出た。制限時間は20分で、描《か》きながら自己嫌悪《じこけんお》を感じていた。毎日歩き慣れた道なのに、よく行く店と、危ない交差点しか頭に浮かばず、その間の店や道などがまったく思い出せないことに気づいたのだった。距離感《きょりかん》や方向感覚もデタラメで、いかに客観的にものを見ていないかということに、気づかされた課題であった。(中略)

地図には主題図（注1）と基本図《きほんず》があるが、自分で描《か》く地図は主題図である。何をテーマに描《か》くかは本人にゆだねられる（注2）。まったく自由に地図を描《か》いた場合は、自分が気になっていることから描《か》きはじめる。気になることが少なければ、地図の情報は少なくなる。いわば自分の価値観《かちかん》のなかにある「心の地図」がそこにはできあがるのだ。

逆にいえば、自分で地図を描《か》こうと街《まち》やフィールド（注3）に出れば、日頃《ひごろ》見ていないものを見ることになる。気づかなかった看板《かんばん》や植物を発見したりできるのだ。新しい価値を見つけるかもしれないし、改めて自分の視点《してん》に気づくかもしれない。

ヒマラヤ（注4）の8000メートル峰《ほう》に単独で挑《いど》む友人に、地図とコンパス（注5）をどう使っているか聞いてみた。「コンパスは使うが、地図はあまり見ないなぁ」という答えが返ってきた。地図はたしかに役に立つが、地図に頼りすぎると、あまり周りの状況が感じられなくなる。登りのときにどんな場所を歩いているのか感じ取りながら歩けば大丈夫《だいじょうぶ》で、もし天候が悪くなったときのために、コンパスで角度だけは測っておくとのこと。つまり、歩きながら、自分の地図を描《か》いていく。必要なものを頭に描《か》き込んでいく。最初から地図とにらめっこすれば、頼りは地図だけになってしまう。②そのほうが危険かもしれない。

積極的に③自分の地図を描《か》いてみよう。そのためには周りと自分をじっくりと見なければならない。

（梶谷耕一『地図の読み方がわかる本』地球丸による）

（注１）主題図：テーマをしぼって描《か》かれている地図。観光地図、交通図など
（注２）ゆだねる：まかせる
（注３）フィールド：field、ここでは外を意味している
（注４）ヒマラヤ：the Himalaya Mountains、エベレスト山がある山脈
（注５）コンパス：東西南北を知るための道具

71 ①この課題が出たとあるが、どんな課題か。
1 自分の家から駅までの地図を描《か》く
2 大学構内とその周辺の地図を描《か》く
3 正確な地図の描《か》き方を説明する
4 地図の正しい読み方を説明する

72 ②そのほうが危険とあるが、何をすると危険なのか。
1 コンパスで角度を測りながら登ること
2 登りながら必要な情報を感じ取ること
3 周りの状況を頭に入れながら登ること
4 地図の情報だけを頼りにして登ること

73 筆者はどうして③自分の地図を描《か》いてみようと言っているのか。
1 地図を描《か》くことで、危ない交差点などが確認できるから。
2 地図を描《か》くことによって、自分の価値観《かちかん》が見えてくるから。
3 地図が上手に描《か》けないと、山登りをするときに危険だから。
4 地図が描《か》けない人は、距離感《きょりかん》や方向感覚もデタラメだから。

問題14　右のページは、あるホテルのパンフレットである。下の問いに対する答えとして最もよいものを、1・2・3・4から一つ選びなさい。

74 アルク・ベイ・ホテルで、無料で提供しているサービスはどれか。

1　周辺のレンタル会議室が利用できる。
2　周辺のレストランが利用できる。
3　ホテルからＦＡＸが送信できる。
4　土日でも空港への送迎バスが利用できる。

75 ブルックさんは、金曜の会議に出席するため、木曜の21:10羽田着の飛行機で東京に出張に行くことになった。夕食は飛行機の中で済ませる予定であり、会議の資料の準備のため、自分のパソコンを部屋で利用したいと考えている。予算は10,000円までである。どのプランを利用するのがよいか。

1　Ａプラン
2　Ｂプラン
3　Ｃプラン
4　Ｄプラン

アルク・ベイ・ホテル

羽田から車で約25分。レインボーブリッジが一望できるホテルです。宿泊からご宴会、グルメ、ビジネス、ホテルウェディングまで、洗練されたおもてなしで最上のくつろぎをご提供いたします。東京湾の美しい夜景とオーシャンビューをお楽しみください。

■羽田国内線・国際線ターミナルへの24時間送迎バス（要予約・有料　ただし平日ご利用の方は無料）
■インターネットへの無線接続が可能なビジネス対応ルームをご用意（全15室・ツインのみ）
■レンタル会議室（有料）、無料ＦＡＸ送信サービス有
■当ホテルのカフェで無料のコーヒーサービス
■ホテル周辺ベイエリアの25カ所のレストランにて使える特別割引クーポンをプレゼント

Aプラン
平日サービスプラン　ツインルーム（インターネット無線接続可）ご利用
1泊2食つき　2名様　　平　日　¥20,000
　　　　　　　　　　　金・土　¥30,000

Bプラン
ビジネス対応ツインルーム（インターネット無線接続可）ご利用
朝食つき　2名様　　平　日　¥18,000
　　　　　　　　　　金・土　¥23,000

Cプラン
デラックスツインルーム（ビジネス対応・インターネット無線接続可）ご利用
1泊2食つき　2名様　　平　日　¥25,500
　　　　　　　　　　　金・土　¥28,500

Dプラン
シングルルームご利用　素泊まりプラン
ご宿泊のみ　1名様　　平　日　¥7,800
　　　　　　　　　　　金・土　¥9,500

★ツインルームを1名様でご利用の場合、上記代金の半額となります。

第1回

聴解

（50分）

問題《もんだい》1

CD-1 1

問題《もんだい》1では、まず質問《しつもん》を聞《き》いてください。それから話《はなし》を聞《き》いて、問題用紙《もんだいようし》の1から4の中《なか》から、最《もっと》もよいものを一《ひと》つ選《えら》んでください。

＊実際《じっさい》の試験《しけん》では、練習問題《れんしゅうもんだい》があります。

1番《ばん》

CD-1 2

1 座《すわ》って順番《じゅんばん》を待《ま》つ

2 払《はら》い込《こ》み用紙《ようし》に記入《きにゅう》する

3 番号札《ばんごうふだ》を取《と》りに行《い》く

4 名前《なまえ》を呼《よ》ぶ

2番《ばん》

CD-1 3

月《げつ》	火《か》	水《すい》	木《もく》	金《きん》	土《ど》	日《にち》
29	30	1	2	3	4	5
6	7	8	9	10	11	12
13	14	15	16	17	18	19

1 1日《ついたち》

2 7日《なのか》

3 8日《ようか》

4 9日《ここのか》

3番《ばん》

CD-1 4

1　ワイン

2　ケーキ

3　花《はな》

4　紅茶《こうちゃ》

4番《ばん》

CD-1 5

1　会議《かいぎ》の資料《しりょう》をまとめる

2　会議《かいぎ》に出席《しゅっせき》する

3　すぐに歯医者《はいしゃ》に行《い》く

4　パソコンの準備《じゅんび》をする

5番《ばん》

CD-1 6

ア　イ

【桜公園行《さくらこうえんい》き　時刻表《じこくひょう》】				
12時《じ》	0	15	30	45
13時《じ》	5	20	35	50
14時《じ》	0	15	30	45

エ　ウ

1　ア

2　イ

3　ウ

4　エ

問題《もんだい》2

CD-1 7

問題《もんだい》2では、まず質問《しつもん》を聞《き》いてください。そのあと、問題用紙《もんだいようし》のせんたくしを読《よ》んでください。読《よ》む時間《じかん》があります。それから話《はなし》を聞《き》いて、問題用紙《もんだいようし》の１から４の中《なか》から、最《もっと》もよいものを一《ひと》つ選《えら》んでください。

＊実際《じっさい》の試験《しけん》では、練習問題《れんしゅうもんだい》があります。

１番《ばん》

CD-1 8

1 春《はる》を感《かん》じる景色《けしき》をたくさん入《い》れること

2 風景《ふうけい》が全部《ぜんぶ》写真《しゃしん》に入《はい》るようにすること

3 桜《さくら》の花《はな》が満開《まんかい》のときに撮《と》ること

4 いちばん感動《かんどう》したものに注目《ちゅうもく》すること

２番《ばん》

CD-1 9

1 佐藤《さとう》さんの計画《けいかく》が悪《わる》かったから

2 女《おんな》の人《ひと》が協力《きょうりょく》しなかったから

3 男《おとこ》の人《ひと》が余計《よけい》なことを言《い》ったから

4 男《おとこ》の人《ひと》の意見《いけん》を聞《き》かなかったから

3番《ばん》

CD-1 10

1 今週《こんしゅう》の木曜日《もくようび》

2 今週《こんしゅう》の金曜日《きんようび》

3 今週《こんしゅう》の土曜日《どようび》

4 来週《らいしゅう》の月曜日《げつようび》

4番《ばん》

CD-1 11

1 タクシー会社《がいしゃ》にお金《かね》を払《はら》いに行《い》く

2 病院《びょういん》に診察《しんさつ》を受《う》けに行《い》く

3 車《くるま》の工場《こうじょう》にお金《かね》を払《はら》いに行《い》く

4 病院《びょういん》にお金《かね》を払《はら》いに行《い》く

5 番《ばん》

CD-1 12

1 月《げつ》曜《よう》日《び》

2 火《か》曜《よう》日《び》

3 水《すい》曜《よう》日《び》

4 木《もく》曜《よう》日《び》

6 番《ばん》

CD-1 13

1 試験《しけん》を受《う》けていないから

2 休《やす》んでばかりいるから

3 就職《しゅうしょく》がきまらないから

4 レポートを出《だ》していないから

問題《もんだい》3

CD-1 14

問題《もんだい》3では、問題用紙《もんだいようし》に何《なに》もいんさつされていません。この問題《もんだい》は、全体《ぜんたい》としてどんな内容《ないよう》かを聞《き》く問題《もんだい》です。話《はなし》の前《まえ》に質問《しつもん》はありません。まず話《はなし》を聞《き》いてください。それから、質問《しつもん》とせんたくしを聞《き》いて、1から4の中《なか》から、最《もっと》もよいものを一《ひと》つ選《えら》んでください。

＊実際《じっさい》の試験《しけん》では、練習問題《れんしゅうもんだい》があります。

—メモ—

1番《ばん》

CD-1 15

2番《ばん》

CD-1 16

3番《ばん》

CD-1 17

4番《ばん》

CD-1 18

5番《ばん》

CD-1 19

問題《もんだい》4

CD-1 20

問題《もんだい》4では、問題用紙《もんだいようし》に何《なに》もいんさつされていません。まず文《ぶん》を聞《き》いてください。それから、それに対《たい》する返事《へんじ》を聞《き》いて、１から３の中《なか》から、最《もっと》もよいものを一《ひと》つ選《えら》んでください。

＊実際《じっさい》の試験《しけん》では、練習問題《れんしゅうもんだい》があります。

―メモ―

１番《ばん》

CD-1 21

２番《ばん》

CD-1 22

３番《ばん》

CD-1 23

４番《ばん》

CD-1 24

５番《ばん》

CD-1 25

6番《ばん》
CD-1 26

7番《ばん》
CD-1 27

8番《ばん》
CD-1 28

9番《ばん》
CD-1 29

10番《ばん》
CD-1 30

11番《ばん》
CD-1 31

12番《ばん》
CD-1 32

問題《もんだい》5

CD-1 33

問題《もんだい》5では長《なが》めの話《はなし》を聞《き》きます。メモをとってもかまいません。

1番《ばん》

CD-1 34

問題用紙《もんだいようし》に何《なに》もいんさつされていません。まず話《はなし》を聞《き》いてください。それから、質問《しつもん》とせんたくしを聞《き》いて、1から4の中《なか》から、最《もっと》もよいものを一《ひと》つ選《えら》んでください。

—メモ—

2番《ばん》

CD-1 35

問題用紙《もんだいようし》に何《なに》もいんさつされていません。まず話《はなし》を聞《き》いてください。それから、質問《しつもん》とせんたくしを聞《き》いて、1から4の中《なか》から、最《もっと》もよいものを一《ひと》つ選《えら》んでください。

—メモ—

3番《ばん》

CD-1 36

まず話《はなし》を聞《き》いてください。それから、二《ふた》つの質問《しつもん》を聞《き》いて、それぞれ問題用紙《もんだいようし》の1から4の中《なか》から、最《もっと》もよいものを一《ひと》つ選《えら》んでください。

質問《しつもん》1

1 白《しろ》

2 赤《あか》

3 黄《き》色《いろ》

4 緑《みどり》

質問《しつもん》2

1 白《しろ》

2 赤《あか》

3 黄《き》色《いろ》

4 緑《みどり》

日本語能力試験　スーパー模試　N2

第2回

第2回

言語知識（文字・語彙・文法）・読解

（105分）

問題1 ＿＿＿＿＿の言葉の読み方として最もよいものを、1・2・3・4から一つ選びなさい。

1 スープに入れるために、野菜を細かく切ってください。

1 ほそかく　2 みじかく　3 こまかく　4 やわらかく

2 教室では、学生たちがみな無言で作文を書いている。

1 ぶげん　2 ぶこと　3 むげん　4 むごん

3 言いたいことを相手にわかってもらうのは難しい。

1 あいて　2 そうしゅ　3 あいしゅ　4 あくしゅ

4 高いところで作業するときは、安全に気をつけてください。

1 さくぎょう　2 さぎょう　3 さくごう　4 さっきょう

5 彼は周りの人に気配りのできる人だ。

1 きくばり　2 けはいり　3 きがかり　4 きぱいり

問題２ ＿＿＿＿＿の言葉を漢字で書くとき最もよいものを、１・２・３・４から一つ選びなさい。

6 教師になって、改めて、人をそだてる難しさがわかった。

1 教てる　　2 養てる　　3 育てる　　4 学てる

7 ここからの景色は写真ではきれいだったが、じっさいに来てみると、そうでもない。

1 実際　　2 実在　　3 実写　　4 実最

8 食べるものに困らないゆたかな国に生まれたことを感謝しなければならない。

1 富かな　　2 豊かな　　3 農かな　　4 足かな

9 ペットの犬が死んだときはとても悲しくて、もういっしょうペットはかわないと決めた。

1 一緒　　2 一承　　3 一処　　4 一生

10 口で言うのはよういだが、それを実行するのは難しい。

1 容易　　2 用意　　3 簡単　　4 簡易

問題３　（　　　　）に入れるのに最もよいものを、１・２・３・４から一つ選びなさい。

11 後ろで大きな物音がしたので、ふり（　　　）と、看板がたおれていた。

1　むく　　2　きる　　3　あげる　　4　わける

12 バスに乗らないで自転車を使い、交通（　　　）を節約している。

1　料　　2　費　　3　代　　4　金

13 部長に頼まれたので、通訳の仕事を引き（　　　）ことにした。

1　返す　　2　込む　　3　受ける　　4　出す

14 窓を閉めるのを忘れていたら、雨が降り（　　　）、ゆかがぬれてしまった。

1　込んで　　2　入って　　3　上がって　　4　うけて

15 飛行機のチケットを買おうと思ったが、（　　　）席はないと言われた。

1　開　　2　無　　3　欠　　4　空

問題４　（　　　　）に入れるのに最もよいものを、１・２・３・４から一つ選びなさい。

16 緊張して、胸が（　　　）している。

1　てきぱき　　2　いきいき　　3　うきうき　　4　どきどき

17 パーティーの客が思ったより少なくて、用意した料理のほとんどが（　　　）になった。

1　ぜいたく　　2　むだ　　3　やっかい　　4　ほぞん

18 今朝は、電車の中で足は踏まれるし、財布は取られるし、（　　　）目にあった。

1　ひどい　　2　おしい　　3　まずい　　4　よわい

19 煮たり焼いたりと、この料理は（　　　）がかかるが、本当においしい。

1　せわ　　2　めいわく　　3　てま　　4　うで

20 サッカー部のキャプテンになった弟は、次はぜったい優勝すると、（　　　）練習している。

1　はりきって　　2　ふるまって　　3　ためらって　　4　やっつけて

21 近くまで来たので友人の家を訪ねたが、（　　　）友人は留守だった。

1　まさか　　2　あいにく　　3　やたらと　　4　もっとも

22 恥ずかしいから、そんな（　　　）かっこうで外に出ないでください。

1　もったいない　　2　しかたがない

3　やむをえない　　4　みっともない

問題5 ＿＿＿＿＿の言葉に意味が最も近いものを、1・2・3・4から一つ選びなさい。

23 朝は晴れていたが、昼を過ぎると、にわかに雨が降り出した。

1 ゆっくりと　2 ザーザーと　3 突然　4 ようやく

24 通行のじゃまになるので、その荷物をどけてください。

1 捨てて　2 拾って　3 届けて　4 移して

25 わずかな希望を抱いていたのだが、父の病気はよくならなかった。

1 少しの　2 多くの　3 明るい　4 確実な

26 この世で起こるあらゆる出来事には、必ず原因がある。

1 すべての　2 特別の　3 ふつうの　4 おそろしい

27 あなたのダンスは音楽のテンポと合っていませんよ。

1 曲　2 速さ　3 雰囲気　4 意味

問題6　次の言葉の使い方として最もよいものを、1・2・3・4から一つ選びなさい。

28 乗り越す

1　空港に行くまでは、たくさん乗り越さなければならない。

2　乗り越してきたばかりなので、この辺のことはよくわからない。

3　電車の中で本を読んでいたら、乗り越してしまった。

4　9時の電車を乗り越してしまったので、遅れてしまった。

29 たちまち

1　昨日は何時間も歩き続けたので、今朝起きたら、たちまち足が痛かった。

2　車を運転していたとき、たちまち子供が飛び出してきた。

3　困ったことがあったら、たちまち連絡してください。

4　1階から出た火は、たちまち家全体に燃え広がった。

30 ほこり

1　部屋のすみにほこりが積もっている。

2　寒いと思ったら、ほこりが降ってきた。

3　服にコーヒーのほこりがついてしまった。

4　タバコのほこりを外に出してください。

31 しみじみ

1　この部屋はしみじみと汚いので、すぐに掃除しましょう。

2　一人で生活していると、家族はいいなとしみじみと感じる。

3　しみじみした服より、もっと明るい色の服が好きだ。

4　弟はいつもしみじみ話していて、とてもうるさい。

32 天然

1　日本の天然はすばらしいから、大切にしなければならないと思う。

2　ウイスキーは、天然の氷を入れて飲むと、とてもおいしいそうだ。

3　天然がなくなったら、私たちは生活できなくなってしまう。

4　先週起きた山火事は天然で大きなものだったが、やっと消えたらしい。

問題７　次の文の（　　　　）に入れるのに最もよいものを、１・２・３・４から一つ
選びなさい。

33 買い物に出た（　　　　）、図書館に行って本を借りてこようと思う。

1　あげくに　　2　ばかりに　　3　からして　　4　ついでに

34 ライさんはあき（　　　　）人だから、何をやっても長く続かない。

1　がたい　　2　っぽい　　3　がちの　　4　気味の

35 村田さんは私の本を持っていった（　　　　）返してくれない。

1　きり　　2　すえに　　3　あまり　　4　反面

36 父（　　　　）母までも、私の結婚を許してくれなかった。

1　に反して　　2　ばかりで　　3　のみならず　　4　から

37 この分野に（　　　　）、林先生以上にすばらしい先生はいないだろう。

1　おいて　　2　ついて　　3　とって　　4　たいして

38 お酒は好きだが、今日は車で来ているので、（　　　　）。

1　飲み得ない　　2　飲むわけにはいかない

3　飲まずにはいられない　　4　飲まざるを得ない

39 新しい車はデザインがいい（　　　　）、性能もすばらしい。

1　から　　2　くせに　　3　以上　　4　うえに

40 行く（　　　　）行かない（　　　　）、準備はしておいたほうがいい。

1　し／し　　2　やら／やら

3　にせよ／にせよ　　4　のも／のも

41 デパートで買い物をしている（　　　）に財布を盗まれてしまった。

1　最中　　2　次第　　3　場合　　4　以来

42 6時になったか（　　　）かのうちに、店のシャッターが閉まりはじめた。

1　なる　　2　なろう　　3　なって　　4　ならない

43 ゆうべ寝ないで勉強していたので、テスト中なのに、（　　　）。

1　眠くてしょうがない　　2　寝るどころではない

3　眠いにちがいない　　4　寝るものか

44 来週のパーティーには、先生もぜひ（　　　）ください。

1　おまいり　　2　おこし　　3　おうかがい　　4　いらっしゃい

問題８　次の文の＿★＿に入る最もよいものを、１・２・３・４から一つ選びなさい。

（問題例）

あそこで ＿＿＿ ＿＿＿ ＿★＿ ＿＿＿ はだれですか。

1　本　　2　読んでいる　　3　を　　4　人

（解答の仕方）

１．正しい文はこうです。

あそこで ＿＿＿ ＿＿＿ ＿★＿ ＿＿＿ はだれですか。
1　本　3　を　2　読んでいる　4　人

２．＿★＿に入る番号を解答用紙にマークします。

（解答用紙）　（例）　①　●　③　④

---

45 責任感が強い ＿＿＿ ＿＿＿ ＿★＿ ＿＿＿ ことは絶対にない。

1　仕事を　　2　ことだから　　3　山本さんの　　4　途中でやめる

46 財布をなくしたが、こんなに探しても ＿＿＿ ＿＿＿ ＿★＿ ＿＿＿ ようだ。

1　ほかはない　　2　見つからない　　3　あきらめる　　4　なら

47 私は ＿＿＿ ＿＿＿ ＿★＿ ＿＿＿ と決心した。

1　きっかけに　　2　ことを　　3　医者になろう　　4　入院した

48 会議は ＿＿＿ ＿★＿ ＿＿＿ ＿＿＿、まだ何も準備をしていない。

1　思っていた　　2　とばかり　　3　来週だ　　4　ものだから

49 医学の進歩の ＿＿＿ ＿＿＿ ＿★＿ ＿＿＿ が低下した。

1 子どもの死亡率　　2 おかげで

3 病気に　　4 よる

問題９　次の文章を読んで、文章全体の内容を考えて、[50]から[54]の中に入る最もよいものを１・２・３・４から一つ選びなさい。

自己《じこ》肯定感は、ほめられることで育つ。（中略）

自分に対する○《まる》は、親や先生、まわりの大人たちからほめられること、つまり認められる経験から生まれ、増えていく。大人の側が、子どもの自己《じこ》肯定感を育てるような、きちんとしたほめかたをすることが重要になる。

では、きちんとしたほめかた[50]いったいどんなものなのか。たとえば、こんな場面を思い浮かべてほしい。赤ん坊が一生懸命《いっしょうけんめい》積み木をしている。お母さんがそばにいて洗濯物をたたんでいる。赤ん坊は三つ目の積み木を積んで、どうだ、という顔でお母さんのほうを見る。「よくできたね」と言われたり、にっこり笑ってうなずいたりしてもらえたならば、子どもの自己《じこ》肯定感は高まるだろう。

自分がここを認めてもらいたいと思っている[51]をきちんとＯＫだと言われると、認められた側はとても気持ちがいい。自己《じこ》肯定感は、自分でもよくやったと思う[51]を、そのとおりよくやっているよ、と認めてもらえる[51]で育っていくのだ。

[52]、お母さんが友だちと電話で話し込んでいるとき、ひとりで絵を描《か》いていた子どもが、描《か》き上げた絵を見せにきた。お母さんは話に夢中で、受話器を押さえて「あとでね」と言うとまた電話に[53]。子どもはがっかりする。

もちろん、親にしてもいつもタイミングよくほめたり認めたりできる[54]。だが、相手が見てほしいときにちゃんと見てほめるというタイミングを逃がさないことは重要だ。

（袰岩奈々『○のない大人　×だらけの子ども』集英社新書による）

50

1 という　2 というより　3 といった　4 とは

51

1 こと　2 もの　3 とき　4 ひと

52

1 その上　2 確かに　3 一方　4 したがって

53

1 戻っておく　2 戻ったばかりだ

3 戻ってしまった　4 戻ったままだ

54

1 ほうがいい　2 のは当然だ　3 べきだ　4 わけではない

問題10　次の文章を読んで、後の問いに対する答えとして最もよいものを、1・2・3・4から一つ選びなさい。

（1）

今の多くの若者にとって、日本も自分も将来が見えない。（中略）

高校生へのグループインタビューの結果でもほとんどの生徒の上昇志向《しこう》は皆無《かいむ》に等しい。将来の夢が「つぶれない会社になんとか潜《もぐ》り込《こ》むこと」であったりする。政権交代しても政治や経済がよくなることもない現実を目《ま》のあたりにしている若者が政治に関心をもてる道理がない。関心の行き着く先は自分とその周辺である。

（橋元良明『メディアと日本人』岩波新書による）

55 インタビューでどのように答えた高校生が多かったと考えられるか。

1　失業の心配がない仕事がしたい。

2　高い収入が得られる仕事がしたい。

3　世の中のためになる仕事がしたい。

4　自分の能力がいかせる仕事がしたい。

(2)

まだ幼かった頃《ころ》、近所の原っぱで紙しばいを見終えた後、夕ごはんに間に合うように走って帰った夕暮れの美しさは今も忘れない。あの頃《ころ》、時間とか、自分をとりまく世界を、一体どんなふうに感じていたのだろう。一日が終わってゆく悲しみの中で、子どもながらに、自分も永遠には生きられないことを漠然《ばくぜん》と(注)知ったのかもしれない。それは子どもがもつ、本能的な、世界との最初の関わり方なのだろうか。

(星野道夫『旅をする木』文藝春秋による)

(注) 漠然《ばくぜん》と：ぼんやりと

56 それとは何を指しているか。

1　一日が終わってしまうのが悲しいということを知ること

2　自分をとりまく世界が悲しいということを知ること

3　自分にもいつか終わりがあるということを知ること

4　夕暮れがとても美しいということを知ること

(3)

おばあちゃんがケガをしたせいもあって、外出されなくなった。家にこもってばかりいずに散歩でもしたほうがいいと、周囲の者がいくらすすめても、おばあちゃんは耳を傾けようとされない。

ところが中学1年生の孫娘さんが、「散歩しようヨ。(　　　　　)」と言うと、おばあちゃんは早速外出され、出会う人に対して、「孫にせがまれて(注)散歩しています」と生き生きとした表情で話されたそうである。

「体にいいから散歩しなさい」とか、「散歩に連れていってあげようか」とかの言い方と比べると、「(　　　　　)」という言葉のやさしさがよくわかるのである。

(河合隼雄『「老いる」とはどういうことか』講談社+α文庫による)

(注) せがむ：熱心に頼む

57 (　　　　　) の中に入る言葉は、次のどれか。

1 私がいっしょに行ってあげるから

2 歩かないと、病気になってしまうよ

3 ケガを早く直すために、歩きなさい

4 私、おばあちゃんと一緒に散歩したいの

(4)

大学当時、毎日のように入り浸《びた》っていた美術部の部室には、いろんな静物が置いてあり、暇《ひま》があればキャンバス（注1）に向かっていた。描《か》いてみればわかることだが、りんごの質感は、空腹であればやわらかく感じられるし、そうでもなければつるんとして陶器《とうき》（注2）のようにも見える。つまり「あるがままに」描《か》くということは、対象ではなくむしろ自分のこころの状態《じょうたい》を、キャンバスの上に再構成することなのである。ということは要するに、私にとって絵を描《か》くという行為《こうい》は、「自分とは何か？」を解明する作業に他ならなかったわけである。

（石黒 浩・池谷瑠絵『ロボットは涙を流すか』PHP サイエンス・ワールド新書による）

（注1）キャンバス：絵を描《か》くための布
（注2）陶器《とうき》：土を材料にした焼き物

58 筆者にとって、「絵を描《か》く」ことは、どんな意味があるのか。

1 絵を描《か》くことで、自分のこころの状態を知ることができる。
2 絵を描《か》くことで、自分の考えを人に伝えることができる。
3 絵を描《か》くことで、対象をよく知るようになる。
4 絵を描《か》くことで、楽しい気持ちになれる。

（5）

日本人は、本質や人格が目に見える部分に表れるものだという感覚が強い。

そのために、「私は男性を見るときに、まず傘《かさ》と靴を見て判断する」などと言う人が出てくる。また、心理テストのようなもので社員の採用を決める会社もある。

そういった話を「人を見る目があるな」などと感心して聞いているのは感心しない。私に言わせてもらえば、日常生活では誠実《せいじつ》に制御している深層心理を暴き出して（注1）、それを本質と見るなどというやり方はアンフェアだ。第一、持ち物や点数に頼るようでは、眼力《がんりき》がないことを露呈《ろてい》（注2）しているようなものだ。そうした偏《かたよ》った見方なり、安直な（注3）ペーパーテストなりをやめて、自分と相手との関わりから見るべきなのだ。

（斎藤 孝『眼力』三笠書房による）

（注1）暴き出す：隠しているものを探して出す
（注2）露呈《ろてい》：隠れていたことを、わざと表面に出すこと
（注3）安直な：安くて簡単な

59 筆者は、「人を見る目」とはどのようなものだと考えているか。

1 心理テストなどの客観的な点数から相手を見抜く力
2 傘《かさ》や靴などの持ち物から相手を見抜く力
3 日常生活で制御された誠実さから相手を見抜く力
4 自分と相手との関わりから相手を見抜く力

このページには、問題がありません。

問題11　次の文章を読んで、後の問いに対する答えとして最もよいものを、1・2・3・4から一つ選びなさい。

（1）

イヌは飼《か》い主が「こっちへおいで」と呼べば、たいていはちゃんとやってくるが、ネコは①そんなことはない。いくら「おいで、おいで」といっても、ちょっとこっちを見るくらいが関の山（注1）で、さっぱり寄ってこようとはしない。

ぼくの家にも5匹も6匹もネコがいたころ、春や秋の日曜日の昼には、庭の奥でバーベキューをすることがよくあった。するとまもなくネコたちはみんな家の中から出てきて、ぼくらのいる庭の隅にやってくる。けれどイヌのようにぼくらの足もとに寄ってくるわけではない。近くの物置の上や塀《へい》の上に、てんでに（注2）すわりこんだり、寝そべって（注3）、ぼくらのほうを見ている。そして、②とても満足そうな顔をしているのだ。

彼らは人間といっしょにというか、人間の近くにいたいのである。だからぼくらが留守中のネコの世話を近所の知り合いに頼んで2日ばかり旅行に出かけようとしていると、非常に不安そうな様子になる。ぼくらの気配で何か察知して（注4）いるとしか思えないのである。

（日高敏隆『ネコはどうしてわがままか』法研による）

（注1）関の山：それ以上は無理という限界

（注2）てんでに：思い思いに

（注3）寝そべる：横になる

（注4）察知する：外にあらわれた様子から感じとる

60 ①そんなことはないとあるが、ネコはどんな行動をとるのか。

1 飼《か》い主が「おいで」と呼んでも、寄ってこない。

2 飼《か》い主が「おいで」と呼んでも、見向きもしない。

3 飼《か》い主が「おいで」と呼ぶと、すぐに寄ってくる。

4 飼《か》い主が「おいで」と呼ぶと、遠くに行ってしまう。

61 ネコは、なぜ②とても満足そうな顔をしているのか。

1 天気がよくて、気持ちがいいから。

2 えさがたくさんもらえそうだから。

3 自分の近くに飼《か》い主たちがいるから。

4 人が自分の近くに寄ってこないから。

62 筆者は、ネコとは、どのような動物だと考えているか。

1 飼《か》い主の家族の命令どおりに行動する、かわいい動物である。

2 何を考えているのかよくわからない、飼《か》いにくい動物である。

3 飼《か》い主の気持ちが理解できる、とても頭のいい動物である。

4 飼《か》い主の家族と一緒にいることに幸せを感じる動物である。

（2）

われわれは、よく、「①体が覚えている」とか「手が覚えている」という言い方をすることがある。意識的にものを考えるときには、「頭を使う」という言い方をするように、頭、脳を使って考えるが、人の心の働きには、脳の活動だけで説明しきることのできないものがたくさんある。

たとえば、記憶喪失《きおくそうしつ》になって、自分の名前や過去を忘れた人でも、車の運転は覚えていることがある。

文字は手で覚えるというのも、よくいわれることだ。子供のころ、文字を覚えるのに、同じ字を何回も書かされたという覚えは、誰しもあることだろう。

そうして覚えた字は、忘れていても、書いてみると思い出せることがある。思い出してから書くのではなく、書くことによって思い出すということが起こるのだ。

たとえば、人が書いた漢字を見て、まちがっているような気がするのに、どこがどういうふうにまちがっていると、はっきり指摘《してき》（注1）できないことがあったとする。そんなとき、②たいていの人は、その文字を紙に書いてみようとするのではなかろうか。

手がちゃんと覚えていたら、頭で考えなくても正しい字が書け、人の書いた字と比べて、「あっ、ここが違う」と指摘《してき》できたりする。逆に、妙《みょう》に（注2）意識してしまうと、いつもは自然に書ける字が、かえって書けなくなり、思い出せなくなるときがある。

（匠　英一『無意識という不思議な世界』河出書房新社による）

（注1）指摘《してき》：取り出して示すこと
（注2）妙《みょう》に：変に

63 筆者が言う①<u>体が覚えている</u>例として、あっているものはどれか。

1 久しぶりに会った人の顔を見て、名前を思い出した。

2 よく知っている道よりも、新しい道を選んで歩いた。

3 10年ぶりにやったテニスがうまくできた。

4 ＣＤを何度も聞いて、日本語の発音を直した。

64 なぜ②<u>たいていの人は、その文字を紙に書いてみようとする</u>のか。

1 書くことで、正しい字を思い出すことがあるから。

2 自分が書いた文字で、まちがいを指摘《してき》したいから。

3 人の文字より自分の文字のほうがきれいだから。

4 人がまちがえたところを正しく指摘《してき》したいから。

65 筆者がこの文章で一番言いたいことはどんなことか。

1 人は頭を使わないと、ちゃんと記憶できないものだ。

2 無意識のうちに体で覚えたことは忘れないものだ。

3 人は記憶喪失《きおくそうしつ》になっても、なおすことができるものだ。

4 何度も練習しなければ、文字は覚えられないものだ。

(3)

第二次大戦中、アメリカで、数百人の兵士が参加した大がかりの断眠《だんみん》(注1)の実験が行なわれた。

断眠《だんみん》2、3日目から、いらいらしたり、記憶《きおく》がわるくなったり、ひどい錯覚《さっかく》や幻覚《げんかく》がおこったりして、4日目ころには、①ほとんどの者が落伍《らくご》して(注2)しまったという。レコードホルダー(注3)は、断眠《だんみん》8日と8時間で、まさに超人的である。

実験がおわってから精密《せいみつ》検査をしたところ、精神状態《じょうたい》はへんになっていても、身体にはどこも異常《いじょう》はなかったという。しかし、精神状態《じょうたい》の異常《いじょう》は、ひと晩ぐっすり眠るとすっかり回復したが、2人だけは、数年間精神の異常《いじょう》に苦しんだということである。

断眠《だんみん》は、肉体にはほとんど影響《えいきょう》をおよぼさないが、脳にはかなりの障害《しょうがい》をおこすことが、この実験ではっきり証明《しょうめい》されている。(中略)

眠りは、呼吸や食欲や性欲と同じように、どうしてもかなえなければならない本能的な欲求である。

頭が疲れたから眠るのだ、脳の疲労を回復するために眠るのだ、ということをよくきく。しかしこの表現は、およそ眠りの本質をついていない。眠りとは、脳細胞《さいぼう》がいつでも活発に働きうる態勢《たいせい》にととのえるための準備工作である。腹がへったからたべるのではなく、肉体を健康《けんこう》に保《たも》ち、身体活動するために私たちはたべるのである。②これと同じように、脳を健康《けんこう》に保《たも》ち、明敏《めいびん》な(注4)精神活動をするために私たちは眠るのである。

(時実利彦『脳の話』岩波新書による)

(注1)断眠《だんみん》:睡眠《すいみん》を断つこと、寝ないこと
(注2)落伍《らくご》する:脱落《だつらく》する
(注3)レコードホルダー:最高記録をもつ人
(注4)明敏《めいびん》な:活発な

66 ①ほとんどの者が落伍《らくご》してしまったとは、どういう意味か。

1 ほとんどの者が、実験を続けられずに眠ってしまった。

2 ほとんどの者が、寝なかったために死んでしまった。

3 ほとんどの者が、兵士をやめて、家に帰ってしまった。

4 ほとんどの者が、実験を続けて身体に異常《いじょう》が現れた。

67 ②これは何を指しているか。

1 お腹がすいたからたべること

2 体の健康《けんこう》を保《たも》つためにたべること

3 脳が疲労したから眠ること

4 活発な活動をするために眠ること

68 筆者がこの文章で一番言いたいことは、どんなことか。

1 私たちは、2、3日なら眠らなくても肉体も脳も健康《けんこう》でいられる。

2 健康《けんこう》を維持《いじ》するためには、食べることより眠ることのほうが大切だ。

3 腹がへったらたべるのと同じように、人間は頭が疲れたら眠くなる。

4 脳を持っている私たちは、眠らなければ健康《けんこう》な精神状態《じょうたい》が保《たも》てない。

問題12　次のＡとＢは、それぞれ雑誌記事の一部である。ＡとＢの両方を読んで、後の問いに対する答えとして最もよいものを、１・２・３・４から一つ選びなさい。

Ａ

人の生活スタイルは朝型と夜型に分けられる。朝型の人は気持ちよく目覚めて朝食をしっかり食べ、午前中から頭はフル回転（注1）でバリバリと仕事をこなすタイプ。夜型は、朝起きるのが苦手で朝食もとらずに出勤し、午前中は仕事の効率が上がらず、午後になってやっと活動を開始するタイプ。

こう見ると、朝型のほうが仕事にも健康《けんこう》にもいいと思われるであろう。たしかに、健康《けんこう》面からは朝型にすべきだという意見が多い。しかし、仕事に関しては、最近出た研究結果によると、そうとも言えないようだ。人の脳を調べた研究からは、早い時間帯では朝型の人のほうが、脳の働きが活発だが、脳の持続性は夜型のほうが優れているということがわかったそうだ。それで、短時間で簡単にできる仕事が少なくなっている現代では、夜型人間が増えているようだ。

（注１）フル回転：使える限度まで使う、ここでは「（頭を）100％使う」という意味

Ｂ

都市化が進むにつれて夜型の生活をする人が増えている。テレビの深夜番組や24時間営業のコンビニ、インターネットなどの普及《ふきゅう》によって、深夜も日中と同じように活動できる。今は、若い世代だけでなく50代以降の人々も夜型の人が多くなっているのが特徴《とくちょう》だ。夜型生活をする人にその理由を聞いてみると、静かだし、人から用事を頼まれることもないから、夜のほうが集中できて作業がはかどる（注2）ということだ。

夜より朝の頭のほうがすっきりしていて思考に適していると言われているが、日中は集中して一人で考える時間がとれない人が多い。夜型になるのは周囲との接触を最小限にした環境《かんきょう》で集中して考える時間を求めた結果であるといえる。われわれ現代人は一人になる時間を必要としているのである。

（注２）はかどる：順調に進む

69 A と B では、現代は、どうして夜型が増えていると言っているのか。

1 じっくり考えなければならないことがあるから。

2 インターネットの普及《ふきゅう》で 24 時間活動できるから。

3 仕事が終わらずに夜まで働いている人がいるから。

4 現代人には朝早く起きるのが苦手な人が多いから。

70 A と B が共通して言っていることは何か。

1 健康《けんこう》のためには、朝型にしたほうがいい。

2 夜型は作業の能率が低下するから、朝型にすべきだ。

3 考え事をするなら、夜型にしたほうがいい。

4 夜型の生活には、朝型の生活にはない良さがある。

問題13　次の文章を読んで、後の問いに対する答えとして最もよいものを、1·2·3·4から一つ選びなさい。

アメリカ人が日本人をどう見ているか、（中略）意識調査をやってみたことがあります。

アメリカ西海岸の高校生たち、南部の主婦たち、シカゴあたりの労働者たちなど。つまり、アメリカの地域と階層や年齢を組み合わせて全米何カ所かで、日本人についてのVTRを見てもらいながら調査しました。日本人がいたら日本人の悪口は言わないだろう、ということで我々《われわれ》は表面に出ず、アメリカ人の心理学者たちなどのスタッフでやったのです。

で、日本人は物静かで、勤勉で、メイド・イン・ジャパンの品物はいい、というとても高い評価《ひょうか》が出ます。ひと通りそれが終わったところで、「では、日本人を動物にたとえるとどんなイメージですか？」と聞く。日本人がよくたとえられるのは狐《きつね》ですが、この調査ではそれは少なかった。ワニとかリスというのが出てきた。「なぜその動物をイメージしたのですか？」と質問を重ねる。（中略）

なぜリスか。リスというのは自分が必要以上の餌《えさ》を集めては、木の穴《あな》に溜《た》め込む。日本人はとにかく（　　①　　）。そういうイメージだと。ワニは静かで何も言わないけれど、あるときパッと襲《おそ》ってきそうなイメージがあると。ポジティブ（注1）に言えば勤勉、ネガティブ（注2）に見れば働くだけで人生を楽しむことを知らない人たち。

つまり、大事なことは、良く言えばこうなんだけど悪く言えばこうなる、と全部裏表があり得るんだということ。②これは日本人に限らずすべての評価について言えることだと思います。（中略）

私たちは誰《だれ》でも、日本人についての自己《じこ》イメージというものをもっています。自分のことはなかなか分からないのに、自分がこうだと思い込んでいる部分というのは、個人にはいっぱいあります。まして集団になると日本人はこうだ、とさらに強く思い込むところがあります。

しかし一番大事なことは、日本人がずっと変わらず、同じような傾向をもっているのかどうか。つまり、民族も人間も変わるんです。変わっているにもかかわらず、前のイメージに自分を固定させてしまっている恐れというのがあります。

（筑紫哲也『若き友人たちへ』集英社新書による）

(注1）ポジティブ：ここでは、「良く」

(注2）ネガティブ：ここでは、「悪く」

71 （　①　）に入る文はどれか

1　考えてばかりで、せっかく立てた計画をなかなか実行に移さない

2　稼《かせ》いで稼《かせ》いで、自分に必要以上のものを溜《た》め込んでいる

3　働くのは好きだが、貯金せずにすぐに使ってしまう

4　自分のことを優先して、他の人のことを考えない

72 ②これは、何を指すか

1　働き者だと、他の人からいい評価《ひょうか》を得られる、ということ

2　働くばかりで、人生を楽しむことを知らない人が多い、ということ

3　動物にたとえることで、イメージがわかりやすくなる、ということ

4　同じことがらに対し、良い見方と悪い見方の両方がある、ということ

73 筆者が言っていることと同じものはどれか。

1　アメリカには、日本人について、いろいろなイメージを持つ人がいるから、気にしないほうがいい。

2　日本人は、「日本人はこうだ」というイメージを、いいものに変えるようにしなければならない。

3　日本人は、「日本人はこうだ」という自己《じこ》イメージを、ずっと変わらないものだと考えないほうがいい。

4　日本人は、「日本人はこうだ」という自己《じこ》イメージを、ずっと変えないように努力するべきだ。

問題14　右のページは、海山市の外国語による相談窓口を示したものである。下の問いに対する答えとして最もよいものを、1・2・3・4から一つ選びなさい。

74 中国から来日した王さんは6歳の子供を学校に入れたいと思っている。どうしたらよいか。

1　月曜日にCに相談する。

2　月曜日から金曜日にBに相談する。

3　月曜日から金曜日にFに相談する。

4　火曜日か木曜日にEに相談する。

75 ブラジルから来たマリオさんは職場でトラブルがあり、ポルトガル語で相談したいと思っている。どうしたらよいか。

1　月曜日に電話をかけて、その時に職場について相談する。

2　月曜日か金曜日に電話をかけて、相談の予約をする。

3　事前にポルトガル語でメールをして、予約をとってから行く。

4　月曜日か金曜日に直接センターへ行って、その時に相談する。

海山市　外国語による相談窓口

名前	相談内容	対応言語	実施日	連絡先
A　外国人情報コーナー	一般的な生活相談（日常生活に関わる問題、日本の慣習・文化・社会制度に関すること）	日本語・英語・ポルトガル語・スペイン語・フィリピン語・タイ語・中国語・韓国語・ベトナム語	月曜〜金曜 9:00 〜 17:45 祝祭日・年末年始 (12/29 〜 1/3) は除く	電話相談 03-1234-5678 メール相談（日本語・英語） jouhou@abc.or.jp
B　入国管理局相談センター	在留資格に関する相談	日本語・英語・中国語・スペイン語・韓国語・ポルトガル語	月曜〜金曜 9:00 〜 16:00	直接センターへお越しください。
C　国際医療情報センター	医療相談（日本の医療制度・外国語の話せる医療機関等）	日本語	月〜金 9:00 〜 17:00	電話相談 03-9876-5432
		英語	月〜金 9:00 〜 17:00	
		中国語	月曜日 13:00 〜 16:00	
		ポルトガル語	月・金 10:30 〜 14:30	
D　外国人雇用サービスセンター	労働相談（職業紹介と労働に関する相談）	日本語	月〜金 10:00 〜 18:00	日本語以外は、左記の曜日に、電話で予約してください。 03-8989-9898
		英語	月〜金 10:00 〜 16:00	
		中国語	月〜金 13:00 〜 18:00	
		ポルトガル語 スペイン語	月・金 13:00 〜 18:00	
E　外国人相談支援センター	法律相談（交通事故にあった時、保険の手続きをしたい時等）	日本語	月〜金 9:30 〜 16:30	事前にメールで予約してください。 Soudan@xyz.or.jp
		英語	月・水・金 9:30 〜 16:30	
		中国語	火・木 13:30 〜 16:30	
		ベトナム語・インドネシア語・ポルトガル語・スペイン語・ベンガル語	月 9:30 〜 16:30	
F　就学児童相談室	小・中学校の学校教育の相談（日本の学校への入学方法、日本語のケア等）	日本語・英語・ポルトガル語・スペイン語・中国語・韓国語・ベトナム語	月〜金 10:00 〜 18:00	直接相談室へお越しください。

第2回

聴解

(50分)

問題《もんだい》1

CD-2 1

問題《もんだい》1では、まず質問《しつもん》を聞《き》いてください。それから話《はなし》を聞《き》いて、問題用紙《もんだいようし》の1から4の中《なか》から、最《もっと》もよいものを一《ひと》つ選《えら》んでください。

＊実際《じっさい》の試験《しけん》では、練習問題《れんしゅうもんだい》があります。

1番《ばん》

CD-2 2

1　写真《しゃしん》を撮《と》る

2　正《ただ》しい用紙《ようし》に書《か》きなおす

3　写真《しゃしん》の裏《うら》に名前《なまえ》を書《か》く

4　書類《しょるい》と写真《しゃしん》を提出《ていしゅつ》する

2番《ばん》

CD-2 3

曜日《ようび》	月曜日《げつようび》	火曜日《かようび》	水曜日《すいようび》	木曜日《もくようび》	金曜日《きんようび》	土曜日《どようび》
午前《ごぜん》	院長《いんちょう》 西川《にしかわ》	南田《みなみだ》 北本《きたもと》	院長《いんちょう》 南田《みなみだ》	院長《いんちょう》 北本《きたもと》	院長《いんちょう》 西川《にしかわ》	院長《いんちょう》 南田《みなみだ》
午後《ごご》	西川《にしかわ》 北本《きたもと》	南田《みなみだ》 北本《きたもと》	西川《にしかわ》 南田《みなみだ》	(第《だい》1・3週《しゅう》) 院長《いんちょう》 (第《だい》2・4週《しゅう》) 西川《にしかわ》 北本《きたもと》	西川《にしかわ》 南田《みなみだ》	

1　第《だい》2火曜日《かようび》の午前《ごぜん》

2　第《だい》2木曜日《もくようび》の午後《ごご》

3　第《だい》3木曜日《もくようび》の午前《ごぜん》

4　第《だい》3木曜日《もくようび》の午後《ごご》

3番《ばん》

CD-2 4

1　あしたの朝《あさ》

4　あしたの午後《ごご》

3　月曜日《げつようび》の朝《あさ》

4　土曜日《どようび》の朝《あさ》

4番《ばん》

CD-2 5

MENU

ア　肉料理《にくりょうり》：和牛《わぎゅう》のステーキ
イ　魚料理《さかなりょうり》：舌平目《したびらめ》のムニエル
ウ　パン
エ　ライス

デザート：オ　アイスクリーム
カ　フルーツ盛《も》り合《あ》わせ
キ　季節《きせつ》のケーキ

お飲《の》み物《もの》：ク　コーヒー
ケ　紅茶《こうちゃ》

1　ア・ウ・オ・ケ

2　ア・ウ・キ・ケ

3　ア・エ・キ・ク

4　イ・ウ・オ・ケ

5番《ばん》

CD-2 6

1　ｔａｒｏ４２

2　ｔａｎａｋａｔａｒｏ４２

3　ｔａｒｏｔａｎａｋａ４２

4　ｔａｒｏｔａｎａｋａ４２１１

問題《もんだい》2

CD-2 7

問題《もんだい》2では、まず質問《しつもん》を聞《き》いてください。そのあと、問題用紙《もんだいようし》のせんたくしを読《よ》んでください。読《よ》む時間《じかん》があります。それから話《はなし》を聞《き》いて、問題用紙《もんだいようし》の1から4の中《なか》から、最《もっと》もよいものを一《ひと》つ選《えら》んでください。

＊実際《じっさい》の試験《しけん》では、練習問題《れんしゅうもんだい》があります。

1番《ばん》

CD-2 8

1 引《ひ》き出《だ》しの中《なか》

2 ごみ箱《はこ》の中《なか》

3 かばんの中《なか》

4 机《つくえ》の上《うえ》

2番《ばん》

CD-2 9

1 10時《じ》に、駅《えき》の前《まえ》

2 12時《じ》に、駅《えき》の前《まえ》

3 1時《じ》に、バス停《てい》

4 2時《じ》に、病院《びょういん》

3番《ばん》

CD-2 10

1 観光《かんこう》や宴会《えんかい》が好《す》きだから行《い》きたい

2 観光《かんこう》や宴会《えんかい》は嫌《きら》いだから行《い》きたくない

3 自分《じぶん》のためになりそうだから行《い》きたい

4 時間《じかん》の無駄《むだ》だから行《い》きたくない

4番《ばん》

CD-2 11

1 心配《しんぱい》なことがあったから

2 夏休《なつやす》みに不規則《ふきそく》な生活《せいかつ》をしていたから

3 花火大会《はなびたいかい》で、うるさかったから

4 夏休《なつやす》みに転《ころ》んでけがをしたから

5番《ばん》

CD-2 12

1 猫《ねこ》の飼《か》い主《ぬし》を探《さが》す

2 猫《ねこ》を飼《か》ってくれる人《ひと》を探《さが》す

3 うちで飼《か》うことにする

4 猫《ねこ》を動物病院《どうぶつびょういん》に連《つ》れて行《い》く

6番《ばん》

CD-2 13

1 急《きゅう》に試合《しあい》なんて無理《むり》だから、出《で》ない

2 野球《やきゅう》の練習《れんしゅう》があるから、試合《しあい》に出《で》ない

3 部長《ぶちょう》がいいと言《い》えば、試合《しあい》に出《で》る

4 大学《だいがく》のためなら、試合《しあい》に出《で》る

問題《もんだい》3

CD-2 14

問題《もんだい》3では、問題用紙《もんだいようし》に何《なに》もいんさつされていません。この問題《もんだい》は、全体《ぜんたい》としてどんな内容《ないよう》かを聞《き》く問題《もんだい》です。話《はなし》の前《まえ》に質問《しつもん》はありません。まず話《はなし》を聞《き》いてください。それから、質問《しつもん》とせんたくしを聞《き》いて、1から4の中《なか》から、最《もっと》もよいものを一《ひと》つ選《えら》んでください。

＊実際《じっさい》の試験《しけん》では、練習問題《れんしゅうもんだい》があります。

―メモ―

1番《ばん》

CD-2 15

2番《ばん》

CD-2 16

3番《ばん》

CD-2 17

4番《ばん》

CD-2 18

5番《ばん》

CD-2 19

問題《もんだい》4

CD-2 20

問題《もんだい》4では、問題用紙《もんだいようし》に何《なに》もいんさつされていません。まず文《ぶん》を聞《き》いてください。それから、それに対《たい》する返事《へんじ》を聞《き》いて、1から3の中《なか》から、最《もっと》もよいものを一《ひと》つ選《えら》んでください。

＊実際《じっさい》の試験《しけん》では、練習問題《れんしゅうもんだい》があります。

—メモ—

1番《ばん》 CD-2 21

2番《ばん》 CD-2 22

3番《ばん》 CD-2 23

4番《ばん》 CD-2 24

5番《ばん》 CD-2 25

6番《ばん》 CD-2 26

7番《ばん》 CD-2 27

8番《ばん》 CD-2 28

9番《ばん》 CD-2 29

10番《ばん》 CD-2 30

11番《ばん》 CD-2 31

12番《ばん》 CD-2 32

問題《もんだい》5

CD-2 33

問題《もんだい》5では長《なが》めの話《はなし》を聞《き》きます。メモをとってもかまいません。

1番《ばん》

CD-2 34

問題用紙《もんだいようし》に何《なに》もいんさつされていません。まず話《はなし》を聞《き》いてください。それから、質問《しつもん》とせんたくしを聞《き》いて、1から4の中《なか》から、最《もっと》もよいものを一《ひと》つ選《えら》んでください。

—メモ—

2番《ばん》

CD-2 35

問題用紙《もんだいようし》に何《なに》もいんさつされていません。まず話《はなし》を聞《き》いてください。それから、質問《しつもん》とせんたくしを聞《き》いて、1から4の中《なか》から、最《もっと》もよいものを一《ひと》つ選《えら》んでください。

—メモ—

3番《ばん》

CD-2 36

まず話《はなし》を聞《き》いてください。それから、二《ふた》つの質問《しつもん》を聞《き》いて、それぞれ問題用紙《もんだいようし》の１から４の中《なか》から、最《もっと》もよいものを一《ひと》つ選《えら》んでください。

質問《しつもん》１

1　A社《しゃ》のノートパソコン

2　B社《しゃ》のノートパソコン

3　C社《しゃ》のノートパソコン

4　D社《しゃ》のノートパソコン

質問《しつもん》２

1　値段《ねだん》が安《やす》いから

2　軽《かる》いから

3　機能《きのう》が多《おお》いから

4　設定《せってい》が簡単《かんたん》だから

日本語能力試験　スーパー模試　N2

第3回

第3回

言語知識（文字・語彙・文法）・読解
（105分）

問題1 ＿＿＿＿の言葉の読み方として最もよいものを、1・2・3・4から一つ選びなさい。

1 最近は忙しくて、夫婦で映画を見に行く時間がない。

1 ふふう　2 ふっふう　3 ふうふ　4 ふうふう

2 今夜のパーティーは、都合が悪くて行けなくなってしまった。

1 とあい　2 つごう　3 とごう　4 とかい

3 部長に結婚式のスピーチを頼んだら、断られた。

1 ことわられた　2 せめられた　3 だんられた　4 しかられた

4 申込用紙にお名前、ご住所、年齢を記入してください。

1 とし　2 としより　3 ねんさい　4 ねんれい

5 世界中の人々は、みんな平和を求めている。

1 もとめて　2 たしかめて　3 ふくめて　4 さだめて

問題2　＿＿＿＿の言葉を漢字で書くとき最もよいものを、1・2・3・4から一つ選びなさい。

6 がんばって試験勉強したのに、せいせきが下がってがっかりした。

1　成跡　　2　成績　　3　成積　　4　成責

7 高速道路で140キロで運転していたら、スピード違反でつかまってしまった。

1　捕まって　　2　停まって　　3　詰まって　　4　留まって

8 この小説のちょしゃは、銀行員の仕事をしながら小説を書いていたそうだ。

1　筆者　　2　作者　　3　著者　　4　書者

9 テレビを買う時、いろいろな店でねだんを調べて、一番安い店で買った。

1　値段　　2　価段　　3　価値　　4　定価

10 英語をみにつけて仕事に役立てたいと思って、英会話学校に通っている。

1　体　　2　実　　3　身　　4　胸

問題３　（　　　　）に入れるのに最もよいものを、1・2・3・4から一つ選びなさい。

11 彼は、海外のコンクールでも優勝している国際（　　　）なピアニストだ。

1　人　　2　風　　3　化　　4　的

12 この小説はとてもおもしろいから、読み（　　　）貸してあげるよ。

1　終わったら　　2　済んだら　　3　止めたら　　4　修めたら

13 人から聞いた（　　　）確実なうわさを信じてはいけない。

1　無　　2　不　　3　被　　4　否

14 洗濯物が雨にぬれてしまったから、洗い（　　　）ならない。

1　代えなければ　　2　込まなければ

3　直さなければ　　4　取らなければ

15 話し合いが終わったら、（　　　）グループの代表者は、みんなの意見をまとめて発表してください。

1　各　　2　個　　3　別　　4　内

問題４（　　　）に入れるのに最もよいものを、１・２・３・４から一つ選びなさい。

16 話に夢中になっていたら、コーヒーが（　　　）しまった。

1 こえて　2 捨てて　3 冷めて　4 こげて

17 お酒を飲み過ぎて気持ちが悪かったが、薬を飲んだら（　　　）した。

1 すっきり　2 すっかり　3 そっくり　4 うっかり

18 台風の影響で、スポーツ大会の開会式の延期が（　　　）になった。

1 失望　2 確実　3 予測　4 要求

19 山川さんはとても（　　　）人で、彼の話にみんなは大笑いした。

1 見事な　2 ゆかいな　3 重大な　4 せいけつな

20 やりたいことがあるんだったら、挑戦して、自分でチャンスを（　　　）べきだ。

1 つかむ　2 めざす　3 生む　4 取る

21 電車の時間に間に合うかどうかわからないが、（　　　）急いで行こう。

1 とっくに　2 とうとう　3 とにかく　4 とたんに

22 何度も断っているのに、まだ頼んでくるとは（　　　）人だ。

1 はげしい　2 こまかい　3 かしこい　4 しつこい

問題5 ＿＿＿＿＿の言葉に意味が最も近いものを、1·2·3·4から一つ選びなさい。

23 見かけだけで人を判断してはいけないと、両親に教えられた。

1 中身 2 外見 3 性格 4 短所

24 川田さんはいつも怒っていて、めったに笑わない。

1 はたして 2 なんとも 3 ほとんど 4 たまに

25 転んでけがをしたが、薬をつけないでほうっておいたら、ひとりでに治ってしまった。

1 自然に 2 完全に 3 簡単に 4 反対に

26 北村さんは本来やさしい人なのだが、最近はイライラして怒っていることが多い。

1 もともと 2 ずっと 3 普通 4 たっぷり

27 睡眠時間をけずって研究を続けたおかげで、立派な成果を上げることができた。

1 流して 2 求めて 3 壊して 4 減らして

問題６　次の言葉の使い方として最もよいものを、１・２・３・４から一つ選びなさい。

28 油断

1　友人にそれは油断だと何度も説明したが、わかってもらえなかった。

2　事故で電車が油断になっているから、タクシーで帰ることにした。

3　高速道路では、少しの油断から大事故がおきることがよくある。

4　バレーボールやバスケットボールは、背が高い人のほうが油断だ。

29 引き返す

1　川上さんに会ったら、わたしのカメラを早く引き返してと伝えてください。

2　何度も失敗を引き返して、やっと成功することができた。

3　出かける前に、窓を閉めてカーテンを引き返すのを忘れないでください。

4　駅の近くまで来て忘れ物に気づき、あわてて引き返した。

30 くやしい

1　娘は、今度の誕生日にカメラを買ってくやしいと言っている。

2　マラソンの試合で、トップと１秒差で２位になってくやしかった。

3　窓を開けるとくやしい風が吹いてきて、気持ちがよくなった。

4　遊びに来ていた両親が国に帰ってしまって、とてもくやしい。

31 めっきり

1　秋も深まり、最近はめっきり寒くなってきました。

2　夜は危ないから、めっきり外出しないようにしている。

3　この花はこの辺りではめっきり見ない種類の花だ。

4　ゆみこちゃんは、目がめっきり大きくてとてもかわいい。

32 はぶく

1　早く行かないと映画が始まってしまうから、駅まではぶきましょう。

2　法律にはぶいて携帯電話をかけながら車を運転していたら、警察に捕まった。

3　山本さんはドイツ語の小説を日本語にはぶく仕事をしている。

4　時間がないので細かい説明ははぶきますが、何か質問はありませんか。

問題7　次の文の（　　　　）に入れるのに最もよいものを、1・2・3・4から一つ選びなさい。

33 父も母も働いていたので、私は祖父母の（　　　　）育てられた。

1　うえで　　2　もとで　　3　せいで　　4　ほどで

34 昨日の石田さんの態度（　　　　）、彼はすべて知っているようだ。

1　かと思う　　2　ほどには　　3　にわたり　　4　からすると

35 加藤さんは、歴史の知識に（　　　　）クラスの誰にも負けない。

1　かけては　　2　くらべて　　3　加えては　　4　わたって

36 彼は体格がいい（　　　　）体力がなくて、少し走っただけで座り込んでしまう。

1　ところに　　2　ように　　3　わりには　　4　としては

37 父は釣りが好きで、ひまさえ（　　　　）海へ釣りをしに出かけていく。

1　あれば　　2　あるから　　3　あるだけ　　4　あって

38 この仕事は一人でやると言った（　　　　）、誰かに助けてもらうことはできない。

1　一方　　2　向きに　　3　以上は　　4　と言うより

39 体が弱かった息子は、成長するに（　　　　）元気になり、今では風邪もひかなくなった。

1　沿って　　2　対して　　3　ついて　　4　つれて

40 娘が学校から帰り（　　　　）、旅行に出発する予定だ。

1　次第　　2　ついでに　　3　つつ　　4　ながら

41 いつもまじめな山下さんが授業中に寝る（　　　）から、病気なのかもしれない。

1　わけだ　　　　2　わけにはいかない

3　わけがない　　4　わけではない

42 楽しみにしていたピクニックが雨で中止になってしまって、（　　　）。

1　残念にすぎない　　2　残念でならない

3　残念かねない　　4　残念ようがない

43 木本さんはやさしい人で、困っている人を見たら（　　　）と言ってボランティアに出かけていく。

1　助けないではいられない　　2　助けなくてもいい

3　助けるものがある　　4　助けるまい

44 この会社の発展は（　　　）語れないぐらい、彼は優秀な技術者だ。

1　佐藤さんにかわって　　2　佐藤さんもかまわず

3　佐藤さんをめぐって　　4　佐藤さんをぬきにしては

問題8　次の文の＿★＿に入る最もよいものを、1・2・3・4から一つ選びなさい。

（問題例）

あそこで ＿＿＿ ＿＿＿ ＿★＿ ＿＿＿ はだれですか。

1　本　　2　読んでいる　　3　を　　4　人

（解答の仕方）

1．正しい文はこうです。

あそこで ＿＿＿ ＿＿＿ ＿★＿ ＿＿＿ はだれですか。 1 本　3 を　2 読んでいる　4 人

2．＿★＿に入る番号を解答用紙にマークします。

（解答用紙）　（例）①　●　③　④

---

45 食事をする時間 ＿＿＿ ＿★＿ ＿＿＿ ＿＿＿ から、映画なんて見に行けない。

1　ほど　　2　ない　　3　さえ　　4　忙しい

46 彼のためを思って忠告したのに、＿＿＿ ＿＿＿ ＿★＿ ＿＿＿、考えもしなかった。

1　怒られる　　2　どころか　　3　なんて　　4　感謝される

47 私の教育方針は、息子が危ないことを ＿★＿ ＿＿＿ ＿＿＿ ＿＿＿ ことだ。

1　させる　　2　自由に　　3　かぎり　　4　しない

48 先生に頼まれたのだから、＿＿＿ ＿＿＿ ＿★＿ ＿＿＿ から、とうてい無理だ。

1　ものなら　　2　手伝いたいが　　3　時間がない　　4　手伝える

49 おいしいと ＿＿＿ ＿＿＿ ＿★＿ ＿＿＿ ほどの味ではなかったので、がっかりした。

1　聞いて　　2　期待した　　3　ものの　　4　食べてみた

問題９　次の文章を読んで、文章全体の内容を考えて、［50］から［54］の中に入る最もよいものを１・２・３・４から一つ選びなさい。

おそらく多くの人は、怒《いか》りという感情はよくないものだと思っているのではないでしょうか？

たしかに怒《おこ》るということは気持ちのいいことではありません。怒《いか》りを向けられても嫌な気分になります。

［50］、怒《いか》りは決して悪い感情ではありません。

私たちは一般に、「嬉《うれ》しい」「楽しい」などの感情はよいもので、「怒《いか》り」「寂《さび》しい」「悲しい」などの感情は悪いものだと思い込んで、怒《いか》り［51］不快な感情を抑圧《よくあつ》しようとしてしまいがちです。

実はここが大きな間違いで、感情にはいい感情も悪い感情もないのです。

なぜなら、私たち人間は感情をもった動物であり、あらゆる感情はどうしようもなく覚えてしまうものだからです。しかし、さまざまな感情を感じられることこそが人間のすばらしいところだと言っても過言《かごん》ではありません。

だから、私たちはどんな感情をもってもいいし、表現してはいけない感情もありません。

もちろん、状況に［52］表現の方法は必要でしょう。そして、それを学ぶことで、どんな感情も上手に表現することができるようになります。

体調に波があるように、感情にも波がある。悪くなるときが［53］、いいときに感謝《かんしゃ》できる。不快な感情をなかったこと［54］のではなく、いいときと悪いとき、この二つのバランスがとれていることが大切なのです。

（藤井雅子『人はなぜ怒るのか』幻冬舎新書による）

50

1 というのは　　2 しかし　　3 その反面　　4 したがって

51

1 をはじめとする　　2 のかわりに

3 にしろ　　4 をぬきにした

52

1 反した　　2 比較した　　3 応じた　　4 実現した

53

1 あるのはともかくとして　　2 あるのみならず

3 あってこそ　　4 あったかのように

54

1 になる　　2 もある　　3 もない　　4 にする

問題10　次の文章を読んで、後の問いに対する答えとして最もよいものを、１・２・３・４から一つ選びなさい。

（1）

食事の作法は、世界各国で違うから私には大変おもしろく思える。

時々、日本以外の国のホテルで、サラダのお皿などを持ち上げて食べている日本人を見かける。あれは外国の習慣に慣れないことを示してはいるのだが、日本では子供の時から、決してご飯をいれる茶碗《ちゃわん》や、スープを入れる木のお椀《わん》を、下においたまま食べてはいけない、としつけられているのである。ご飯茶碗《ぢゃわん》を下においたまま食べようものなら、母は、「そういうだらしのない食べ方をしてはいけません」と叱《しか》る。

（三浦朱門・曽野綾子『日本人の心と家』読売新聞社による）

55　この文で筆者が説明している「日本人の食事の作法」は、どれか。

1　茶碗《ちゃわん》やお椀《わん》を持ち上げて食べる。

2　茶碗《ちゃわん》とお椀《わん》以外は持ち上げないで食べる。

3　スープの入ったお椀《わん》は、持ち上げずに食べる。

4　茶碗《ちゃわん》やお皿をテーブルの上においたまま食べる。

（2）

生物の活動が昼夜の長さ、いいかえれば明暗の周期（光の周期）によってきまる現象は、「光周性《こうしゅうせい》」と呼ばれている。

植物の花がいつ咲くか、動物がいつ繁殖《はんしょく》する（注1）か、いつ冬眠に入るかなど、いろいろなことが光周性によってきまることが、今ではよくわかっている。小鳥は光周性によって春の到来を知り、さえずり（注2）出すのである。

その一方、多くの昆虫《こんちゅう》は暖かさで「春を数えて」いる。

昆虫が温度で春を数え、その昆虫を餌《えさ》にしてひな（注3）を育てる小鳥が日の長さで春を数えるということになると、<u>そこ</u>に食いちがい（注4）がおこる可能性が生じる。

（日高敏隆『セミたちと温暖化』新潮文庫による）

（注1）繁殖《はんしょく》する：動物や植物が生まれて増える
（注2）さえずる：小鳥が鳴く
（注3）ひな：鳥の赤ちゃん
（注4）食いちがい：少しちがって、一致しないこと

56 <u>そこ</u>とは、何を指しているか。

1 植物が春を感じる時期と昆虫《こんちゅう》が春を感じる時期
2 小鳥が春を知る時期と昆虫《こんちゅう》が春を知る時期
3 植物が花を咲かせる時期と小鳥がひなを育てる時期
4 昆虫《こんちゅう》が冬眠している時期と小鳥がさえずり出す時期

(3)

自分の老化の程度を知るときに、身体のほうは比較的《ひかくてき》わかりやすいのではなかろうか。しかし、心のほうは、あんがいわかりにくい。

心の老化を測る尺度《しゃくど》のひとつとして、「最近の若い者は」という非難を口にしたり、したくなる、ということがある。

若い者といってもいろいろといるはずだ。それをひとからげ(注)にして「最近の若い者」という言い方でとらえてしまうのは、(　ア　)という対立の「(　イ　)」のほうに自分の身を置いていることを意味している。これは、立派《りっぱ》な老化現象である。

(河合隼雄『「老いる」とはどういうことか』講談社＋α文庫による)

(注) ひとからげ：一つにまとめること

57 (　ア　)(　イ　)に入る語句の組み合わせとして、適当なものはどれか。

1　ア：身体と心　　イ：身体
2　ア：身体と心　　イ：心
3　ア：老と若　　　イ：老
4　ア：老と若　　　イ：若

（4）

コンピュータの登場で、本の世界は、大きな衝撃《しょうげき》を受けた。いまただちに目には見えなくても、その衝撃《しょうげき》がボディブロー(注1)のようにじわじわと効いて、やがて全身におよぶのはまちがいない。本をはじめとするドキュメント(注2)の領域にコンピュータが進出し、原稿《げんこう》の作成から流通にいたるまで、コンピュータが、多くの場面で大きなパワーを発揮《はっき》するようになった。紙の本が消えて、デジタルのデータだけになることはとうぶんは考えられないにしても、本の世界は、致命的《ちめいてき》な一撃をまえにして固唾《かたず》をのんで(注3)いる、そんなふうにも見える。

いま起こっている本の革命は、長い時間をへて、どのようになっていくのだろうか。

（歌田明弘『本の未来はどうなるか』中公新書による）

（注1）ボディブロー：ボクシングの技
（注2）ドキュメント：書類
（注3）固唾《かたず》をのむ：どうなるのか心配して、息を止めている

58 本文に書かれている本の世界に起こった変化とは、どれか。

1 コンピュータが原稿《げんこう》の作成から流通にいたるまで行い、本にとってかわった。
2 紙の本としての姿を失い、コンピュータ上でデジタルのデータだけになった。
3 紙の本は残されているが、コンピュータの影響を受けはじめている。
4 本のデジタル化が進んでいるが、紙の本のよさが改めて考えられるようになった。

（5）

能力や適性は仕事の「前」にあるのではなく「後」に発見される。

ある仕事が「できた」という事実が、自分にはその仕事を行う能力が備わっていたことをはじめて本人に教えてくれるのである。

だから、上司《じょうし》が「この仕事をやってくれ」と命じたときに、「私にはそのような仕事を完遂《かんすい》する（注1）だけの能力がありません」という遁辞《とんじ》（注2）を述べることは就業規則《しゅうぎょうきそく》で禁じられているのである。

（内田　樹『ひとりでは生きられないのも芸のうち』文春文庫による）

（注1）完遂《かんすい》する：完全に行う
（注2）遁辞《とんじ》：言い逃れの言葉

59 なぜ、就業《しゅうぎょう》規則で禁じられているのか。

1　上下関係が厳しく、上司《じょうし》の言うことはしなければならないから。
2　将来の能力について語ってはいけないから。
3　最初から、その仕事ができることが前提《ぜんてい》で雇われているから。
4　その人の能力は、やってみてはじめてわかることだから。

このページには、問題がありません。

問題11　次の文章を読んで、後の問いに対する答えとして最もよいものを、1·2·3·4から一つ選びなさい。

（1）

そこは、ぼくが東京に来て初めて入った食べ物屋さんだった。受験のために上京したぼくは、そば屋に入るのさえこわがっていたのだ。そして、すきっ腹をかかえて、やっととび込んだこの店で、恐る恐る壁《かべ》に書かれた品目を見上げ、一番安いものを注文したのだ。あれから11年が過ぎていた。得た物も多い。だがその間に失《な》くしたものも大きかった。

「えっ？ こんなとこに入るの？ いやよ、あたし」

硝子《ガラス》戸に手をかけたぼくに、連れの女は露骨《ろこつ》に（注1）不快な表情を向けてそういった。その女との結婚を考えていたぼくは、急に心が冷めたように感じた。

①ぼくはかまわずに戸を引いた。そのとき、ぼくの脳裏《のうり》（注2）に高校生の娘の顔が浮かんだ。注文を受けた彼女は、数分後に申し訳《わけ》なさそうな目をして、作られた料理をぼくの前に置いたものだった。それを見て、ぼくは②全身に冷や汗をかいた。玉ねぎの薄切りが出ていたからだ。オニオンスライス。何かの飯だとぼくは思っていたのだ。

「いらっしゃいませ」

暖かい目をしたふくよかな（注3）③女性が11年ぶりにぼくを迎えてくれた。

（高橋三千綱「心の風景」『中吊り小説』新潮文庫による）

（注1）露骨《ろこつ》に：実際にあったとおり、少しもかくさないで
（注2）脳裏《のうり》：頭の中
（注3）ふくよかな：少しふとっている

60 ①ぼくはかまわずに戸を引いたとあるが、何にかまわなかったのか。

1 連れの女が店になかなか入らなかったこと

2 連れの女と結婚するかどうかということ

3 連れの女への愛情がなくなったこと

4 連れの女の言ったこと

61 ②全身に冷や汗をかいたのはなぜか。

1 自分が注文したものが予想と異なり、食事らしくないものだとわかったから。

2 注文したものをまちがえて持ってきた高校生を、かわいそうに思ったから。

3 高校生の失敗を、店の人に気づかれないようにしようと思ったから。

4 まちがえて注文した料理が、とても冷たい料理だったから。

62 ③女性とは、だれのことか。

1 ぼくの注文を受けた高校生の母親

2 11年間前に結婚を考えていた女

3 11年ぶりに上京したぼくの母親

4 11年前に、ぼくの注文を受けた高校生

（2）

我々《われわれ》は生まれたとたんに身につけることばがある。それは多くの場合、両親のことばであり、祖父祖母、兄姉など肉親のことばであり、生まれたばかりのその人間を取りまく(注)周囲の人達のことばである。①これは標準《ひょうじゅん》語ではない。人間が生まれて初めて耳にし、覚える自然なことばは方言なのである。それが次第に成長し、広く社会に出ていくにつれて、自分の属する環境の中での共通語を身につけはじめる。「女ことば」「男ことば」の名で呼ばれる女性共通語、男性共通語。あるいは遊び仲間での共通語、「若者ことば」と呼ばれる若い年代層の間での年齢共通語、そして職業を同じくする者の中での職業共通語。

つまり人間は、自分が生まれ育った環境の中で体得した最も狭い意味での家族方言、地域方言、環境方言に囲まれて成長し、次第に広がる生活環境の変化の中で、その状況に応じたさまざまな共通語を身につけるようになる。しかし、ここまでのことばは、ある限られた領域の中でしか通用しないという意味では、すべて方言である。

（水原明人『江戸語・東京語・標準語』講談社現代新書による）

(注) 取りまく：まわりを囲む

63 筆者はどうして、①これは標準《ひょうじゅん》語ではないと言っているのか。

1 生まれたとたん身につけることばだから。

2 ある限られた領域の中でしか通用しないことばだから。

3 周囲を取りまく人々のことばだから。

4 次第に広がる生活環境の変化の中で身につけることばだから。

64 筆者の言う「方言」に入らないものはどれか。

1 若い年代層の間での年齢共通語

2 社会で使用されている標準《ひょうじゅん》語

3 生まれたとたんに身につけることば

4 自分の属する環境の中での共通語

65 筆者の考えと合っているものはどれか。

1 自分が属する環境の中での標準《ひょうじゅん》語には、いろいろな種類のものがある。

2 共通語は、ある限られた領域の中でしか通用しないので、重要ではない。

3 人間が生まれて初めて耳にすることばは、大切に守っていかなければならない。

4 人間の言語社会はさまざまな共通語、言い換えれば、ある種の方言で成り立っている。

（3）

人間が一番リラックスして話せるのは、斜《なな》め前に相手がいるときであるらしい。精神分析《ぶんせき》の創始者《そうししゃ》であるフロイドの診察室《しんさつしつ》というのをウィーンで見たことがあるが、患者の椅子《いす》は寝椅子《いす》であり、フロイドは脇《わき》にある小さな椅子《いす》に座って、昨日見た夢とか、連想できる事柄《ことがら》などを患者から聞いていたという。患者からは自分の正面の壁《かべ》や天井《てんじょう》が見えるだけで、自分の話を聞いているフロイド先生の顔は見えない。ときどき返事をする声が聞こえてくるだけ。

真正面に立たれると、人は圧迫《あっぱく》感を感じて緊張《きんちょう》してしまう。相手の顔が見えすぎるのは、あまり話しやすいことではない。語学教師は、学生に聞かせたいときには黒板の前の真ん中に立つ。少し楽しくさせたいなら、斜《なな》め前とか、教壇《きょうだん》を降りて低いところから話すようにする。ひとりひとりに自由に答えさせたいのなら、学生のそばの斜《なな》め前ぐらいに立つといい。そういうテクニックがある。

したがって、デートのときにいいのは、斜《なな》め向かいに座ることである。できれば、お互いの身体の向きが 90 度から 45 度ぐらいになるように座るのがいい。相談事を聞くのもじっくりと話し合いたいときも、そういう位置関係が、お互いに一番楽なはずである。

（金田一秀穂『新しい日本語の予習法』角川 one テーマ 21 による）

66 フロイドが、脇《わき》にある小さな椅子《いす》に座るのはなぜか。

1 相手の声をよく聞くため

2 相手の顔をよく見るため

3 相手を緊張《きんちょう》させないため

4 相手とじっくり話し合うため

67 語学教師のテクニックとして、正しいものはどれか。

1 学生に集中して聞いてもらいたいときは、教師は教室の前に立つ。

2 学生に自由に話してもらいたいときは、教師は教室を出て学生だけにする。

3 スピーチの練習のときは、本番で緊張《きんちょう》しないように、教師は学生の後ろに立つ。

4 作文の練習のときは、文や漢字の間違いを見つけるために、教師は学生のそばにいる。

68 「そういう位置関係」とは、どんな位置のことか。

1 真正面に座ること

2 斜《なな》め向かいに座ること

3 相手より低い位置に座ること

4 相手に見えないところに座ること

問題12　次のAとBは、「割りばし」についての投書である。AとBの両方を読んで、後の問いに対する答えとして最もよいものを、1・2・3・4から一つ選びなさい。

A

市内のコンビニエンスストアチェーンのＡＬＣマートは、今月20日から、お弁当などを購入《こうにゅう》した際に無料でサービスしていた割りばしを有料化したそうだが、私はこの有料化に賛成だ。そもそも森林を伐採《ばっさい》して作られる割りばしを使うこと自体、環境《かんきょう》破壊《はかい》につながるし、使い捨ての割りばしは、ごみの量も増やす。特に、コンビニエンスストアなどで無料で配られる割りばしについては以前から問題だと思っていた。無料でもらえるので、割りばしを使って捨てることを繰《く》り返しても何とも思わない人が増えてしまうのだと思う。割りばしが有料になったら、割りばしに対する意識が芽生《めば》えて、多くの人が家から自分のはしを持ってくるようになると思う。（20代　学生）

B

コンビニエンスストアで今月始まったという割りばしの有料化については、本当にそれが人々の意識を変えることにつながるのかという点で疑問を感じる。確かに地球環境《かんきょう》保護《ほご》のために、割りばしの使用量全体を減らすことは大事なことだ。しかし、割りばしの有料化により、環境《かんきょう》への意識がもともと高い人たちは「できるだけ自分のはしを使うようにしよう」と思うようになるかもしれないが、そうでもない人たちは不満をかかえるのではないかと思う。私は、有料化よりも、今まで通り割りばしは無料で配り、「割りばし不要」の人にはカードを１枚あげ、それを集めた数に応じて何か商品と交換できる、などといった方法のほうが、ずっと効果があると思う。（40代　主婦）

69 ＡとＢのどちらにも共通している考えはどれか。

1 割りばしを有料にすることで、必ず人々の意識は変化する。

2 割りばしの使用量を減らすことは、とても難しいことだ。

3 割りばしを有料にすることで、不満を感じる人もいるだろう。

4 割りばしの使用量を減らすことは環境《かんきょう》の保護《ほご》にとって重要だ。

70 ＡとＢは、「割りばしの有料化」について、どう思っているか。

1 ＡもＢも、とてもいいことだと思っている。

2 Ａは、もっとほかにいい方法があると思っているが、Ｂは、とてもいいことだと思っている。

3 Ａは、とてもいいことだと思っているが、Ｂは、もっとほかにいい方法があると思っている。

4 ＡもＢも、もっとほかにいい方法があると思っている。

問題13　次の文章を読んで、後の問いに対する答えとして最もよいものを、1・2・3・4から一つ選びなさい。

スピーチをするとき「ぜったいにあがる（注1）まい」と思うとよけいあがる。好きな人の前で、ふつうに振《ふ》る舞《ま》おうとすればするほど、動作や言葉がぎこちなく（注2）なる。そういうことがよくある。懸命《けんめい》に努力しているのに、かえって結果がわるくなるのはなぜだろうか。

それは自然に反するからである。たとえば人前でしゃべり慣れていない人は、あがって当然である、にもかかわらず「あがるまい」とする。自然の法則に逆《さか》らうから、かえって結果はわるくなる。これを「①努力逆転の法則」という。

努力はただすれば報《むく》いられるものではなく、効果があるように工夫をしなければならない。ではどのように工夫するか。まず意志《いし》を捨てることである。「あがるまい」というのは意志《いし》だ。そのような意志《いし》をもってもあがるのは、意志《いし》とは別に「あがる自分」を想像しているからなのである。

（　　②　　）。だからいくら強固な意志《いし》をもっても、心の奥底ではそれとは反対の自分を想像してしまう。そして想像のほうが勝ってしまうのである。

意志《いし》をもつことは簡単だ。「きょうからタバコをやめよう」と思うのは意志《いし》である。意志《いし》をもつにいたった理由もきわめて理にかなっている（注3）。「タバコは健康《けんこう》によくない」「金銭《きんせん》的にもバカにならない」「他人を不愉快《ゆかい》にする」「アメリカのエリートは吸わない」「やめれば女房《にょうぼう》も子供も喜ぶ」。これだけ立派《りっぱ》な理由があって、確固たる意志《いし》を固めれば、やめられそうなものだ。

だが一服《いっぷく》する（注4）自分のリラックスした姿《すがた》を想像したとき、もうタバコに手が出ているのである。いくら意志《いし》を強固にしても想像にはかなわない。他のことについても同じことがいえる。いくら努力しても結果の出ない人は、努力する意志《いし》があることはまちがいないが、想像でそれを台無《だいな》し（注5）にしているのだ。

人前であがらない最良の方法は「あがるまい」という意志《いし》を捨てることだ。あがって当然なのだから「きっとあがるだろう」でいいのである。ただし、そのあとでこう付け加える。「あがるけれども、きっとうまくいく」。これなら精神の緊張《きんちょう》がほぐれるから、あがってしどろもどろ（注5）ながらも、人から好感をもたれる自分が想像できる。

（川北義則『逆転の人生法則 目からウロコが落ちる87の視点』ＰＨＰ文庫による）

（注１）あがる：頭に血が上って、普通の状態でいられなくなる
（注２）ぎこちない：不自然で、なめらかでない様子
（注３）きわめて理にかなう：非常にあたりまえである
（注４）一服《いっぷく》する：タバコを吸って一休みする
（注５）台無《だいな》し：全部だめにして役に立たなくなる
（注６）しどろもどろ：話し方にまとまりがなく、ばらばらな様子

71 ①「努力逆転の法則」の例として合っているものはどれか。

1 やめようという強い意志《いし》があったが、タバコに手が出てしまった。
2 あがるまいと意志《いし》を強くもつように努力したら、あがらなくなった。
3 あがって失敗してしまったが、努力が認められて、人からは好感をもたれた。
4 自分でやめようと努力しなくても、家族の協力でタバコを吸わなくなった。

72 （　②　）に入る文で最も適当なものはどれか。

1 意志《いし》と想像が争うとき、いつも負けるのは想像である
2 意志《いし》と想像が争うとき、いつも勝つのは想像である
3 意志《いし》をもつことと、想像することを同時に行うことは自然に反する
4 意志《いし》をもつことと、想像することは実は同じことである

73 筆者がこの文章で一番言いたいことはどんなことか。

1 意志《いし》と想像力の両方を強くしなければ、よい結果は出ない。
2 意志《いし》にそった結果を出すためには、よい想像に結びつく工夫が必要だ。
3 強い意志《いし》をもっても結果は出ないが、失敗から想像力が生まれる。
4 努力する意志《いし》があっても想像は変えられないから、工夫しても無駄《むだ》だ。

問題14　右のページは、さくら区国際交流センターのボランティア通訳《つうやく》募集のお知らせである。下の問いに対する答えとして最もよいものを、1・2・3・4から一つ選びなさい。

74 次の4人の中で、応募《おうぼ》条件に合うのは誰か。

1 現在、アメリカの大学で日本文化について教えている日本人、小林さん
2 現在、韓国《かんこく》の大学で日本の政治について学んでいる韓国《かんこく》人、李さん
3 現在、中国にある日本の自動車工場に勤めている中国人、徐さん
4 現在、日本の大学で日本文学について学んでいるアメリカ人、スミスさん

75 日本に住む中国人留学生、孫さんの合格までの流れはどれか。

1 日本語と中国語で応募《おうぼ》用紙と小論文を書き、9月11日に日本の会場で面接を受ける。
2 日本語で応募《おうぼ》用紙を、中国語で小論文を書き、9月12日に日本の会場で面接を受ける。
3 日本語と中国語で応募《おうぼ》用紙と小論文を書き、9月13日に電話で面接を受ける。
4 日本語で応募《おうぼ》用紙を、中国語で小論文を書き、9月14日に日本の会場で面接を受ける。

「日本再発見」ボランティア通訳募集

海外の日本研究者を招いた文化交流の催し「日本再発見」のボランティア通訳を募集します。

【仕事の内容】 講座、会議、交流会、見学旅行等における通訳

【募集】 日本語－英語、日本語－中国語、日本語－韓国語のボランティア通訳、各3名

【条件】 ①日本語と他の言語（英語、中国語、韓国語のいずれか）に優れている

②現在、日本あるいは海外の大学で日本の「歴史」「文化」「文学」のいずれかを専攻する大学生

③ 2011年11月1日から11月10日までの全日程への参加が可能

④ 2011年10月31日にさくら市で行われる事前研修への参加が可能

【注意】 ボランティアのため給料は支払われませんが、食費、宿泊費、日本国内の交通費（海外からの渡航費は含まない）、見学旅行費用等は支払われます。

【応募・選考の流れ】

応募 下記書類を メールで提出	⇨	第1次選考 書類選考。 合格者のみ 第2次選考へ	⇨	第2次選考 面接、通訳試験。 海外在住者は電話 による選考	⇨	合格者発表！

提出書類：①指定の応募用紙（日本語1通、通訳したい言語1通）

②「日本文化と私」という題名の小論文（日本語1通、通訳したい言語1通）（A4用紙各1枚程度）

第2次選考：第2次試験（面接、通訳試験）の希望日を下記より選び、応募用紙に記入してください。海外在住者は、電話で第2次選考を行いますので、指定期間より希望の日時（日本時間）をお選びください。

第2次選考実施日：	海外在住者向け第2次選考指定期間（電話試験）：
9月11日、12日、15日、16日	9月13日、14日　各10時～19時

応募先： 【E-mail】koku@sakura.org　さくら市国際交流センター　田中

応募締め切り 2011年8月1日

問い合わせ先：(9999)3939（国際交流センター・田中）

第3回

聴解

(60分)

問題《もんだい》1

CD-3 1

問題《もんだい》1では、まず質問《しつもん》を聞《き》いてください。それから話《はなし》を聞《き》いて、問題用紙《もんだいようし》の1から4の中《なか》から、最《もっと》もよいものを一《ひと》つ選《えら》んでください。

＊実際《じっさい》の試験《しけん》では、練習問題《れんしゅうもんだい》があります。

1番《ばん》

CD-3 2

1 パソコン室《しつ》へ行《い》く

2 再発行《さいはっこう》の手続《てつづ》きをする

3 警察《けいさつ》へ行《い》く

4 管理室《かんりしつ》へ行《い》く

2番《ばん》

CD-3 3

月《げつ》	火《か》	水《すい》	木《もく》	金《きん》	土《ど》	日《にち》
31	1	2	3	4	5	6
7	8	9	10	11	12	13
14	15	16	17	18	19	20

1 7日《なのか》～13日《にち》

2 8日《ようか》～13日《にち》

3 8日《ようか》～15日《にち》

4 9日《ここのか》～15日《にち》

3番《ばん》

CD-3 4

1 本屋《ほんや》

2 スーパー

3 駅《えき》

4 図書館《としょかん》

4番《ばん》

CD-3 5

1 前《まえ》の駅《えき》で降《お》りて歩《ある》く

2 スポーツクラブに行《い》く

3 食事《しょくじ》を減《へ》らす

4 野菜中心《やさいちゅうしん》の食事《しょくじ》にする

5番《ばん》

CD-3 6

ア じゃがいもの皮《かわ》をむく

イ じゃがいもをつぶす

ウ じゃがいもをゆでる

エ 肉《にく》でじゃがいもを巻《ま》く

オ 肉《にく》に塩《しお》・こしょうを振《ふ》る

1 ア→ウ→イ→エ→オ

2 ア→ウ→イ→オ→エ

3 ウ→ア→イ→エ→オ

4 ウ→ア→イ→オ→エ

問題《もんだい》2

CD-3 7

問題《もんだい》2では、まず質問《しつもん》を聞《き》いてください。そのあと、問題用紙《もんだいようし》のせんたくしを読《よ》んでください。読《よ》む時間《じかん》があります。それから話《はなし》を聞《き》いて、問題用紙《もんだいようし》の1から4の中《なか》から、最《もっと》もよいものを一《ひと》つ選《えら》んでください。

＊実際《じっさい》の試験《しけん》では、練習問題《れんしゅうもんだい》があります。

1番《ばん》

CD-3 8

1 企業《きぎょう》

2 商店街《しょうてんがい》

3 工場《こうじょう》

4 遊園地《ゆうえんち》

2番《ばん》

CD-3 9

1 自分《じぶん》の服《ふく》を着《き》る

2 新《あたら》しい服《ふく》を買《か》う

3 ホテルで借《か》りる

4 友達《ともだち》に借《か》りる

3番《ばん》

CD-3 10

1　急《きゅう》に資料《しりょう》を送《おく》れと言《い》われたから

2　好《す》きなテレビが見《み》られなかったから

3　大山《おおやま》さんがメールをくれないから

4　夫《おっと》がパソコンを使《つか》いたいと言《い》ったから

4番《ばん》

CD-3 11

1　最近作《さいきんつく》られた動物園《どうぶつえん》だから

2　ライオンが堂々《どうどう》としているから

3　動物《どうぶつ》がたくさんいるから

4　動物《どうぶつ》の見《み》せ方《かた》を工夫《くふう》しているから

5番《ばん》

CD-3 12

1 テレビ局《きょく》は、オリジナルの作品《さくひん》を作《つく》るべきだ

2 新《あたら》しく始《はじ》まるドラマの数《かず》が多《おお》すぎる

3 同《おな》じような内容《ないよう》のドラマが多《おお》くてつまらない

4 ドラマにするとき、原作《げんさく》を変《か》えてはいけない

6番《ばん》

CD-3 13

1 息子《むすこ》が父親《ちちおや》の代《か》わりにパン屋《や》を始《はじ》めたから

2 天然《てんねん》の材料《ざいりょう》しか使《つか》っていないから

3 一流《いちりゅう》ホテルのパンを売《う》っているから

4 安《やす》くて、パンの種類《しゅるい》が多《おお》いから

問題《もんだい》3

CD-3 14

問題《もんだい》3では、問題用紙《もんだいようし》に何《なに》もいんさつされていません。この問題《もんだい》は、全体《ぜんたい》としてどんな内容《ないよう》かを聞《き》く問題《もんだい》です。話《はなし》の前《まえ》に質問《しつもん》はありません。まず話《はなし》を聞《き》いてください。それから、質問《しつもん》とせんたくしを聞《き》いて、１から４の中《なか》から、最《もっと》もよいものを一《ひと》つ選《えら》んでください。

＊実際《じっさい》の試験《しけん》では、練習問題《れんしゅうもんだい》があります。

―メモ―

１番《ばん》

CD-3 15

２番《ばん》

CD-3 16

３番《ばん》

CD-3 17

４番《ばん》

CD-3 18

５番《ばん》

CD-3 19

問題《もんだい》4

CD-3 20

問題《もんだい》4では、問題用紙《もんだいようし》に何《なに》もいんさつされていません。まず文《ぶん》を聞《き》いてください。それから、それに対《たい》する返事《へんじ》を聞《き》いて、1から3の中《なか》から、最《もっと》もよいものを一《ひと》つ選《えら》んでください。

＊実際《じっさい》の試験《しけん》では、練習問題《れんしゅうもんだい》があります。

—メモ—

1番《ばん》 CD-3 21

2番《ばん》 CD-3 22

3番《ばん》 CD-3 23

4番《ばん》 CD-3 24

5番《ばん》 CD-3 25

6番《ばん》 CD-3 26

7番《ばん》 CD-3 27

8番《ばん》 CD-3 28

9番《ばん》 CD-3 29

10番《ばん》 CD-3 30

11番《ばん》 CD-3 31

12番《ばん》 CD-3 32

問題《もんだい》5

CD-3 33

問題《もんだい》5では長《なが》めの話《はなし》を聞《き》きます。メモをとってもかまいません。

＊実際《じっさい》の試験《しけん》では、練習問題《れんしゅうもんだい》があります。

1番《ばん》

CD-3 34

問題用紙《もんだいようし》に何《なに》もいんさつされていません。まず話《はなし》を聞《き》いてください。それから、質《しつ》問《もん》とせんたくしを聞《き》いて、１から４の中《なか》から、最《もっと》もよいものを一《ひと》つ選《えら》んでください。

―メモ―

2番《ばん》

CD-3 35

問題用紙《もんだいようし》に何《なに》もいんさつされていません。まず話《はなし》を聞《き》いてください。それから、質《しつ》問《もん》とせんたくしを聞《き》いて、１から４の中《なか》から、最《もっと》もよいものを一《ひと》つ選《えら》んでください。

―メモ―

3番《ばん》

CD-3 36

まず話《はなし》を聞《き》いてください。それから、二《ふた》つの質問《しつもん》を聞《き》いて、それぞれ問題用紙《もんだいようし》の1から4の中《なか》から、最《もっと》もよいものを一《ひと》つ選《えら》んでください。

質問《しつもん》1

1 受験《じゅけん》する大学《だいがく》をいつ決《き》めたか

2 一日《いちにち》のうちで、いつ勉強《べんきょう》したか

3 受験勉強《じゅけんべんきょう》をいつ始《はじ》めたか

4 夏休《なつやす》みに勉強《べんきょう》したかどうか

質問《しつもん》2

1 2年生《ねんせい》のとき

2 夏休《なつやす》みになってから

3 3年生《ねんせい》になってすぐ

4 受験《じゅけん》するすぐ前《まえ》

第1回

聴解スクリプト

問題1 CD-1 1

問題1では、まず質問を聞いてください。それから話を聞いて、問題用紙の1から4の中から、最もよいものを一つ選んでください。

1番 CD-1 2

郵便局で、男の人と女の人が話しています。男の人は、このあと何をしますか。

男：あのう、払い込みしたいんですが……。

女：順番にお呼びしますので、番号札を取って、ソファーのところでお待ちください。

男：番号札、ですか……。どこ、ですか。

女：窓口の横にありますよ。

男：ああ、あれを取ってくればいいんですね。

女：あのう、払い込み用紙へのご記入はおすみですか。

男：あ、忘れてました。まだです。先に書かなきゃいけませんよね。

女：お呼びするまで時間がありますから、待っていらっしゃる間に書いてくだされば結構ですよ。

男：じゃ、そうします。

男の人は、このあと何をしますか。

2番 CD-1 3

病院で、女の医者と患者が話しています。男の人が次に病院に来るのは、いつですか。

女：はい、今日のところはこれでいいでしょう。

男：ありがとうございました。

女：傷がちゃんとふさがっているか、確認する必要がありますので、1週間後に、また、いらしてください。

男：はい。今日は1日だから、1週間後というと……、8日ですね。

女：あ、今度の水曜日は休日ですから、お休みですね。

男：じゃ、木曜日に。

女：できれば、早いほうが……。

男：じゃあ、休みの前に来ます。

男の人が次に病院に来るのは、いつですか。

3番 CD-1 4

留学生の男の人が大家さんと話しています。男の人は、何を持っていきますか。

男：今度、日本人の先生の家へ遊びにいくんですけど、何を持っていったらいいかわからないんです。女の先生なんですけど、どんなものがいいですかね。

女：年配の方？

男：いやぁ、たぶん30代くらいだと思います。

女：若い女性ね。じゃ、お花とかどうかしら。
男：花ですか……。でも、花なんか買うの、恥ずかしいですよ。
女：じゃ、お菓子とか、飲み物とかは？
男：あ、なるほど。先生、ダイエット中らしいから、お菓子はだめだろうけど……。そうか、飲み物か。
女：飲み物って言っても、ジュースやお酒だとカロリーが高いから、避けたほうがいいと思うわよ。
男：そうですね。ありがとうございました。

男の人は、何を持っていきますか。

４番

CD-1 5

課長が部下の女の人に頼んでいます。女の人は、このあと何をしますか。

男：あ、高山君、今日は急いで帰らなきゃダメかな？
女：え、はい。今日は歯医者の予約を入れているので、５時には帰らせていただきたいんですが……。
男：そうかあ。実はちょっとやってもらいたい仕事があったんだけど、もうあまり時間がないね。
女：お急ぎですか？　明日の朝早く出社することは可能ですけど……。
男：実は、あしたの会議の資料をまとめておいてほしかったんだ。今日中に見ておきたいと思ってね。でも、まあ、あしたの朝でもいいか……。
女：あ、それでしたら、できると思います。５時20分までに出れば、なんとか間に合いますから。
男：そうか、助かるよ。じゃあ、頼む。……ああっ、会議室のパソコンだけど……。
女：そちらの準備は済んでいます。操作の確認をしてみましたが、問題ありません。
男：じゃあ、会議では操作を頼むよ。

女の人は、このあと何をしますか。

５番

CD-1 6

女の人と男の人が話しています。二人は、どのバスに乗りますか。

男：えーと、終点の桜公園まで行くのは、１時間に４本あるよ。
女：２時に公園で待ち合わせだから、35分のでいいかな。
男：公園まで30分かかるって書いてあるから、それじゃ間に合わないよ。その１本前ので行こうよ。
女：１本前っていうと、あと５分しかないじゃない。わたし、バスに乗る前にトイレに行きたいの。
男：えー、がまんしなよ。公園に着いてからでもいいじゃない。
女：がまんできるわけないでしょ！　それに飲み物も買いたいし……。少しぐらい遅れても、みんな待っててくれるわよ。
男：わかった。じゃあ、そうするか。

二人は、どのバスに乗りますか。

問題2

CD-1 7

問題2では、まず質問を聞いてください。そのあと、問題用紙のせんたくしを読んでください。読む時間があります。それから話を聞いて、問題用紙の1から4の中から、最もよいものを一つ選んでください。

1番

CD-1 8

写真について話しています。先生は、写真を撮るときに何がいちばん大事だと言っていますか。

女：先生、私が撮った写真なんですけど、見ていただけますか。

男：ああ、いいですよ。風景写真ですね。明るい春の感じがよくでていますよ。

女：ええ、桜の花がとてもきれいだったんです。それで、富士山をバックに撮ろうと思っていたら、ちょうど電車が走ってきて……、これはいいと思って、夢中でシャッターを押したんです。

男：桜の花と、富士山と、電車ねえ。見た風景を全部撮ってしまいたい気持ちはよくわかりますけど、1枚の写真にいろいろ入りすぎていますね。

女：そうですか。

男：山本さんは何にいちばん感動したんですか。

女：もちろん桜です。満開で見事だったんです。

男：それなら、自分が感動した桜にだけ注目して、それ以外は思い切って無視するぐらいの気持ちで撮ったほうがいいですよ。

先生は、写真を撮るときに何がいちばん大事だと言っていますか。

2番

CD-1 9

大学で、女の人と男の人が話しています。どうして佐藤さんの研究は失敗しましたか。

女：佐藤くんの研究、失敗しちゃったんだってね。

男：あれじゃ、失敗するに決まってるよ。

女：どういうこと？

男：計画書を見せてもらったんだけど、いくつか欠点があったからね。

女：わかってたなら、教えてあげればよかったのに。

男：佐藤がぼくの言うことなんて聞くもんか。前に意見を言ったとき、「余計なこと言わないでくれ」って言われたんだよ。

女：そうなの。能力はあるけど、ああいう性格だから、周りの協力が得られないんだよね。

どうして佐藤さんの研究は失敗しましたか。

3番

CD-1 10

男の人が電話で話しています。高橋さんは、いつ会社に来ますか。

男：はい、山本商事でございます。

女：営業の高橋さん、お願いします。

男：申し訳ございません。高橋は海外出張中で、出社しておりませんが。

女：いつ戻っていらっしゃいますか？

男：木曜日の夜に帰国いたしますが……。

女：じゃあ、金曜日はいらっしゃるんですね。

男：いえ、金曜日は出張明けで休みを取っておりますので……。

女：土・日は休業なんでしょ。

男：はい、申し訳ございません。

高橋さんは、いつ会社に来ますか。

4番 CD-1 11

大学で男子学生と女子学生が話しています。女の人は、これから何をすると言っていますか。

男：今日、これから暇？

女：ああ、ちょっと病院行かなきゃいけないの。実は、私、先週の金曜日に車にぶつかっちゃったの。

男：ええっ、それでけがは？

女：うん、大丈夫。一応、救急車で運ばれたんだけどね。でも、大したことなかったから、すぐに帰れたんだ。

男：まあ、軽くすんで、よかったね。今日は診察？

女：ううん、そうじゃないの。

男：じゃ、なんで。

女：それがね、散歩の途中で事故にあったから、財布を持ってなくて、病院のお金払ってないんだ。

男：それじゃ、帰りはどうしたの。まさか歩いて帰ったとか？

女：いや、タクシーで帰ってきたけどね。運転手さんには「財布をとってくるから」って言って、待っててもらったの。

男：そうか。たいへんだったね。

女：うん、ほんと。で、これからお金を持っていくの。

女の人は、これから何をすると言っていますか。

5番 CD-1 12

会社で、男の人と女の人が話しています。いつ、会議を開くことになりましたか。

男：来週の会議だけど、月曜日、急に部長が出張になったんだって。日帰りだっていうから、火曜に変更するしかないかなあ。

女：火曜は、会議室が全部ふさがってるから、無理よ。じゃあ、水曜ね。

男：水曜は、ちょっときついな。オレ、木曜に別の新製品の企画の発表をしなきゃならないから、水曜にその準備をがんばろうと思ってたんだ。

女：でも、木曜日だと、もう遅いわよね。向こうの会社に、「木曜日までには、会議で決定したことをご連絡します」って言っちゃったから。

男：うーん、困ったなあ。じゃ、オレががんばって早めに企画を完成させることにするか……。月曜にがんばるよ。

女：そうしてくれると助かる。できることは手伝うから。

いつ、会議を開くことになりましたか。

6番 CD-1 13

先生と学生が話しています。学生は、どうして叱られていますか。

女：佐藤さん、あなた、このままだと、卒業できなくなるわよ。

男：え、一生懸命やっているつもりなんで

すけど……。
女：まあ、確かに、レポートはちゃんと出しているけど、出席が足りないと、単位をあげられないわよ。
男：そんな……。もう、就職も決まってるんです。
女：だから言ってるんじゃない。せっかく決まった就職がダメになってもいいの？
男：いいえ、それは困ります。
女：この授業は、試験がない科目なんだから、ちゃんと授業に出ないと……。
男：はい。すいません。

学生は、どうして叱られていますか。

問題３ CD-1 14

問題３では、問題用紙に何もいんさつされていません。この問題は、全体としてどんな内容かを聞く問題です。話の前に質問はありません。まず話を聞いてください。それから、質問とせんたくしを聞いて、１から４の中から、最もよいものを一つ選んでください。

１番 CD-1 15

テレビで、女の人が話しています。
女：暑い日が続いていますが、みなさんは一日中、冷房の効いた部屋で過ごしていませんか？　これは体によくありません。冷たいタオルを首に巻いたり、庭に水をまいたりと、冷房を使わずに涼しくする方法はいくらでもあります。電気代の節約にもなりますから、そういう方法で涼しく夏を過ごすことを考えてください。ですが、どうしても我慢できないときは、冷房をつけてください。暑さを我慢しすぎるのも健康によくありません。ただ、その場合も、あまり温度を下げ過ぎないように注意してくださいね。

何について話していますか。
1　夏を涼しく過ごす方法
2　電気代を節約する方法
3　冷房が体に悪い理由
4　夏にやるといい健康法

２番 CD-1 16

男の人がスピーチをしています。

男：本日はおめでとうございます。皆さんはもうすぐ社会人になられます。社会人一年生の誕生です。今までは大学という安全なかごの中で、ご両親をはじめ多くの方がたに守られてきました。しかし、これからは一人前の大人として責任と自覚を持って行動しなければなりません。日本は厳しい経済危機が続いています。皆さんはこの困難な状況の社会に飛び込むことになりますが、夢を持って進んでいけば、必ず道が開けます。どうぞ、自分を信じてがんばってください。

男の人は何のスピーチをしていますか。

1　大学の入学式のスピーチ
2　大学の卒業式のスピーチ
3　結婚式のお祝いのスピーチ
4　誕生日のお祝いのスピーチ

3番 CD-1 17

大学で、先生が話しています。

女：日本人の食生活は大きく変わってきましたが、料理に使われる調味料には、どのような変化がみられるのでしょうか。日本人が、どんな調味料をどのくらい買っているかを見てみましょう。1970年の金額を基準としてみますと、しょうゆ、味噌といった日本に昔からある調味料は、1975年ごろから減っています。砂糖も、家庭で煮物をあまり作らなくなったせいか、しょうゆ、味噌以上に減っています。一方、スープの素やマヨネーズは増加しており、中でもスープの素は、手軽さが受けて、大きく伸びています。

何について説明していますか。

1　調味料に使う金額の変化
2　しょうゆ、味噌などの味の変化
3　昔、人気があった調味料
4　日本人の味の好み

4番 CD-1 18

男の人が話しています。

男：最近、中高年の人の間で、登山が流行っているんですってねえ。まあ、きれいな空気を吸って、きれいな景色を見るのは楽しいことですけどね。中高年の人は、健康のためとか、自然を楽しみたいという理由で始める人が多いっていうんですけど、大丈夫なんですかねえ、そんな軽い気持ちで。山って、怖いですよ。危険がいっぱいあるんだから。
今、山で起こる事故のうち、8割を中高年の人が占めているんだそうです。散歩や観光とは違うって、思っておかないといけないですよね。

男の人は、中高年の人の登山について、どう考えていますか。

1　自然を楽しむ人が増えたのはいいことだ
2　散歩や観光より、登山のほうがいい
3　軽い気持ちで山に登ってはいけない
4　山できれいな空気を吸うのは健康にいい

5番 CD-1 19

歴史の先生が、インタビューを受けています。

女：最近、歴史が好きという人が増えていて、歴史ブームと言われていますが……。

男：そうですね。歴史上の名所を巡る観光ツアーなども、大人気だそうですね。歴史好きの人は、昔からたくさんいたんですが、最近のブームは若い人が中心で、アニメやゲームがきっかけのようです。登場する歴史上の人物がかっこよく描かれていて、好きになった、という人が多いんですね。

女：では、本当に歴史に興味があるというわけではないんですね。

男：まあ、初めはそうだったかもしれませんね。でも、好きな人物をきっかけに歴史の勉強を始めたという人も多いんです。私のクラスにもいますよ。「本当の歴史はアニメと違うんですね」なんて言ってます。違うのはアニメのほうなんですけどね。ですが、みんな、真剣に、歴史を勉強しています。うれしいですね。きっかけなんて、何でもいいんですよ。

男の人は、どう思っていますか。

1　アニメやゲームは、間違った歴史を教えるので困る
2　歴史ブームは観光産業の発展に役立っているからいい
3　今の若い人は、本当の歴史を知らないから困る
4　きっかけは何でも、歴史に興味を持ってくれるのはうれしい

問題4 CD-1 20

問題4では、問題用紙に何もいんさつされていません。まず文を聞いてください。それから、それに対する返事を聞いて、1から3の中から、最もよいものを一つ選んでください。

1番 CD-1 21

エアコン、全然効いてませんね。

1　いいえ、もう来ましたよ。
2　そうですね、壊れてるのかな。
3　えっ、聞いたこと、ないんですか。

2番 CD-1 22

レポートの提出って、木曜日だっけ？

1　うん、そうだよ。
2　日曜日はお休みだよ。
3　今日は水曜日だよ。

3番 CD-1 23

電気自動車が、流行ってますよね。

1　そんなにスピードが出るんですか。
2　父が乗って行ってしまいました。
3　私も買おうと思ってるんです。

4番 CD-1 24

ご飯、作るの面倒くさいな。

1　じゃあ、どこかに食べに行こうよ。
2　あ、魚がこげてるよ。
3　おいしそうなにおいだよ。

5番 CD-1 25

お子さんは軽い風邪ですから、心配することはないですよ。

1　何でもしますよ。

2　ホッとしました。
3　いいえ、ありますよ。

6番 CD-1 26

この新しい研究は、佐藤さんを中心に進めてください。

1　わかりました。みんなも協力します。
2　佐藤さんは、もう帰りました。
3　佐藤さんは一番右がいいと思います。

7番 CD-1 27

こんな難しいこと、子供にできっこないよ。

1　誘ったら、来るかもしれないよ。
2　大人と一緒だったら行ってもいいけど。
3　やらせてみなくちゃわからないよ。

8番 CD-1 28

私にぴったりの靴をさがしているんです。

1　左の靴ですか、見ませんでしたよ。
2　デパートに行ってみたらどうですか。
3　ええ、私は足が大きいんです。

9番 CD-1 29

すみませんが、ちょっと力を貸していただけますか。

1　いいですよ。何をしましょうか。
2　来週には返してくださいね。
3　今、ほかの人が借りています。

10番 CD-1 30

わが社の商品の売れ行きはどうなってますか？

1　いい商品になってます。
2　どうでもいいですよ。
3　とてもいいようですよ。

11番 CD-1 31

あ、それに勝手に触らないでください。

1　ああ、すみません。
2　お金がなくて買えません。
3　絶対、負けませんよ。

12番 CD-1 32

川田さんが勧めてくれたんだけど、この本は子供向きだね。

1　そうだね。南向きのほうがいいね。
2　うん、ちょっと簡単すぎるね。
3　もっとスピード出してほしいね。

問題５ CD-1 33

問題５では長めの話を聞きます。メモをとってもかまいません。

１番 CD-1 34

問題用紙に何もいんさつされていません。まず話を聞いてください。それから、質問とせんたくしを聞いて、１から４の中から、最もよいものを一つ選んでください。

大学生がテレビを見て話しています。

男：それでは来週の天気です。今降っているこの雨はあした、月曜日も一日中降り続くでしょう。火曜日は朝のうち、まだ雨は残りますが、午後には晴れるでしょう。ですが、気温は上がらず、季節が冬に戻ったような寒さになりそうです。水曜日はくもり。気温は上がり、暖かくなりますが、風は強くなりそうですので、注意してください。木曜日以降はいい天気が続き、春らしい暖かな陽気になるでしょう。

女：お花見どうする？　あした行こうって言ってたけど。
男：どうするって……、無理だろ。傘差して花見なんてしたくないよ。
女：やっぱり、晴れて暖かい日のほうがいいよね。
男：うん、でも、水曜日は風が強いっていうから、桜が散っちゃうかもしれないよ。
女：じゃあ、寒いのをがまんするしかないか……。
男：うん、温かい食べ物や飲み物、たくさん持っていこうよ。

いつ花見に行きますか。

1　月曜日
2　火曜日
3　水曜日
4　木曜日

２番 CD-1 35

問題用紙に何もいんさつされていません。まず話を聞いてください。それから、質問とせんたくしを聞いて、１から４の中から、最もよいものを一つ選んでください。

夫婦と小学生の女の子が話しています。

娘：お母さん、あしたの山登り、何を持っていけばいいの？
母：そうね。ほとんどのものはお父さんとお母さんが持っていくから、荷物は軽くしなさい。
父：そうだな。ああ、でも、山の天気は変わりやすいから、雨具は持っていけよ。
娘：雨具って、傘？　それともレインコートのほうがいいかな？
父：レインコートだな。傘は、邪魔だから。
母：そうね、あと、雨が降らないとしても、山の上は気温が低いから、上着は持っていったほうがいいわね。薄いのでいいから。
娘：わかった。あと何かある？　そうだ、お菓子は入れておこう！
母：まったく。食べることには一生懸命ね。私がたくさん持つからいいのに……。あと、そうね、もしも迷ったときのために、地図もあったほうがいいかしら。

娘：地図って、山の地図？

父：どうせ、地図なんか読めないだろう。父さんが持っていくから、ひろみは、父さんから離れないようにしてればいいよ。

娘は、リュックサックに何を入れていきますか。

1　傘と上着とお菓子

2　傘とお菓子と地図

3　レインコートと上着と地図

4　レインコートと上着とお菓子

3番 CD-1 36

まず話を聞いてください。それから、二つの質問を聞いて、それぞれ問題用紙の1から4の中から、最もよいものを一つ選んでください。

夫婦がカーテン売り場で、店員の説明を聞いています。

店員：カーテンをお選びになる場合は、色の効果を考えるといいんですよ。例えば、青い色は気持ちを落ち着かせる効果があります。また、食欲を抑える効果もあるんです。反対に、赤は食欲が出る色です。元気も与えてくれますが、使いすぎるとイライラしてしまうこともありますから、注意が必要です。黄色は明るく賑やかなイメージを与えて、やる気を出させる色です。緑は安心感を与えてくれますので、ストレスの多い人にお勧めですよ。

男：食堂はこれがいいんじゃない？　君、最近、食べ過ぎて困るって言ってただろ？

女2：でも、食堂は、明るい色のほうがいいんじゃない？　赤はちょっと落ち着かないけど……。私は、こっちのほうがいいな。

男：でも、やる気が出て、料理、いっぱい作っちゃうんじゃない？　オレはうれしいけど。

女2：食堂は、私が一番長くいる場所なんだから、私の好きな色でいいでしょ？

男：まあ、君がいいなら、いいよ。寝室は……、これかな。リラックスしてゆっくり寝たいしね。

女2：そうね。最近、あなたイライラするって言ってたし、私、この色も好きだし。

質問1　食堂のカーテンは何色にしますか。

質問2　寝室のカーテンは何色にしますか。

第２回

聴解スクリプト

問題１ CD-2 1

問題１では、まず質問を聞いてください。それから話を聞いて、問題用紙の１から４の中から、最もよいものを一つ選んでください。

１番 CD-2 2

男の人が、パスポートの申請に来ています。男の人は、このあとすぐ何をしますか。

男：お願いします。

女：はい、書類を拝見します。

男：これでいいですか。

女：はい、５年用パスポートですね。

男：えっ、５年？　10年用のを申請したいんですが……。

女：でしたら、こちらの用紙です。お手数ですが、もう一度こちらに、書きなおしていただけますか。それと、写真は？

男：え？　ありませんか？……あっ、あとで入れようと思って忘れてきちゃったんだ。どうしよう……。

女：あちらで撮れますよ。ここを出て左に行ったところです。

男：ああ、はい、あそこですね。結構、人が並んでるから、先に撮ってきます。

女：写真の裏にお名前を書いて、書類と一緒に提出してください。

男：はい、わかりました。

男の人は、このあとすぐ何をしますか。

２番 CD-2 3

男の人と女の人が話しています。男の人は、いつ病院に行きますか。

男：最近、頭痛がひどくて……。

女：一度、病院へ行って診てもらったほうがいいんじゃない？　さくら病院は？近いし、あそこの院長先生、信頼できる先生だって、有名よ。

男：じゃあ、院長先生に診てもらいたいなあ。

女：待って、インターネットで調べてみる。何曜日なら、会社休めそう？

男：僕、火曜日しか休めないんだ。

女：ほかの日は無理なの？

男：う～ん、木曜か金曜の午後なら何とかなると思うけど……。

女：次の木曜って第２木曜よね？　ほかの先生じゃだめ？

男：信頼できるって言われてる先生がいいよ。大丈夫。少しぐらい我慢できるよ。

女：そう。じゃあ、仕方ないわね。本当は早いほうがいいんだろうけど……。

男の人は、いつ病院に行きますか。

３番 CD-2 4

女の人が部長と話しています。女の人は、いつ原稿を出しますか。

男：鈴木君。会社説明会で配る資料なんだ

けど……。

女：はい。あしたの朝には印刷に出せます。

男：実は、これに全部英語をつけたいって、社長が言いだしてね。うちが国際的な企業であることを示したいって言うんだ。急で悪いけど、翻訳してもらえるかな？

女：これ、全部ですか？　あしたの朝までには無理です。これだけの量ですから、早くてもあさってになるかと思いますが……。あ、でも、あさっては土曜日ですよね。土日は印刷所は休みですし……。

男：いや、無理を言ってるのはわかっているから、印刷所には、月曜まで待ってもらうように、私から頼んでおくよ。だから、翻訳、がんばってもらえないか？

女：わかりました。それだけの時間があれば、大丈夫です。朝には出します。

女の人は、いつ原稿を出しますか。

4番 (CD-2 5)

レストランで、男の人と女の人が話しています。女の人は、何を注文しますか。

男：何にする？　おれは肉だな。

女：私は、魚。

男：この店は肉がおいしいので有名なんだよ。ランチのコースだからこの値段で食べられるけど、普通に食べたら、すっごく高いんだ。

女：そうなの？　じゃあ、私も、そっちにしよう。それと、パンと、デザートはアイスクリーム。

男：おれはライスと季節のケーキ。

女：季節のケーキって、何？

男：今は季節のフルーツのケーキだって、入り口に書いてあったよ。

女：おいしそうだな。う～ん、でも、やっぱりアイスにする。

男：飲み物は、オレはコーヒーにするけど、君は紅茶だよね？　じゃあ、注文するよ。

女の人は、何を注文しますか。

5番 (CD-2 6)

男の人と女の人が話しています。男の人は、Eメールアドレスをどのようにしますか。

男：メールのアドレスを変えるようにって言われたんだけど……。

女：ああ、田中さん。社内に同じ名字の方が多いので、下のお名前のほうまでわかるようにしたいんですよ。

男：ああ、そうですか。じゃあ、名前を先に入れればいいですか。

女：ええ、それで結構です。それと必ず数字を入れて、全部で8文字から12文字の間でお願いします。

男：わかりました。

男の人は、Eメールアドレスをどのようにしますか。

問題２

問題２では、まず質問を聞いてください。そのあと、問題用紙のせんたくしを読んでください。読む時間があります。それから話を聞いて、問題用紙の１から４の中から、最もよいものを一つ選んでください。

１番

夫婦が話しています。書類は、どこにありましたか。

男：ねえ、このテーブルの上にあった書類、知らない？

女：書類？

男：数字や図形がたくさん書いてあった紙なんだけど。

女：かばんの中じゃないの？　じゃなければ、引き出しにしまったとか。

男：そこは、もう捜したよ。君、さっき、この部屋、掃除してただろ。まさか、捨てたんじゃないだろうね。ごみ箱は……と。

女：無断で捨てたりしないわよ。

男：だよね。じゃ、どこだろう。

女：いちいち覚えてないけど、その辺にあったものは、全部一緒にして、あなたの机の上に積んでおいたけど。

男：あっ、そうなの。見てみるよ。あ、あったあった。よかった～。

書類は、どこにありましたか。

２番

女の人と男の人が話しています。二人は、何時にどこで会いますか。

女：土曜日、北村さんのお見舞いに行ける？

男：うん、大丈夫だよ。待ち合わせの場所は駅の前でいいかな。10時ぐらい？

女：駅の前は混むから、病院にしようよ。

男：でも、おれ、病院の場所がよくわからないんだけど……。

女：じゃ、病院行きのバス停にしようか。

男：あ、どこかで、お見舞いを買っていかない？

女：そうだね。じゃ、やっぱり、駅の前で会って、一緒に買い物しよう。

男：そうしよう。あっ、でも、あそこの病院、土曜の面会は午後２時からだったはずだよ。

女： じゃあ、12時にしようよ。お昼ご飯食べて、１時ごろのバスに乗ればいいんじゃない？

二人は、何時にどこで会いますか。

３番

会社で、男の人と女の人が話しています。男の人は、社員旅行についてどう思っていますか。

男：この会社って、社員旅行があるんですか。

女：ええ、４年に一度ですけど。ああ、中山さんは初めてですよね。

男：これって、行かなきゃダメなんですか？

女：ダメってことはないですけど、たいてい、全員が参加してますよ。イヤなんですか？

男：だって、社員旅行って、観光して、温泉入って、宴会して、って感じですよね。それって、時間の無駄というか……。

週末は、自分のために時間を使いたいんですよね。

女：うちの社員旅行は平日ですよ。まあ、多少は観光もしますけど、会社のいろいろなことを話し合う時間があるんです。部署や上下関係を超えて、自由に意見を出し合うんです。普段、あまり話せない人の意見も聞けて、結構おもしろいですよ。

男：へえ、そういう旅行なんですか。それは勉強になりますね。そういう社員旅行ならいいな。

男の人は、社員旅行についてどう思っていますか。

4番 CD-2 11

会社で、女の人と男の人が話しています。男の人が、きのう寝られなかったのは、どうしてですか。

女：疲れた顔してるね。夏休みに遊びすぎたんじゃない？

男：夏休みは、結局ごろごろしてるうちに終わっちゃったよ。ちょっと寝不足なんだよ。

女：昨日、寝られなかったの？　何かあった？　心配事とか？

男：そんなんじゃないよ。

女：ああ、そういえば、ゆうべは花火大会があったんだよね。会場が近いから、うるさかったでしょう？　それで？

男：いやあ、夏休みの間、昼間は寝ていて、夜起きてたから、昼と夜が完全に逆になっちゃって、そのせいだよ。

女：そう。じゃあ、今日は必死に仕事をするんだね。疲れれば、ぐっすり寝られるよ。

男の人が、きのう寝られなかったのは、どうしてですか。

5番 CD-2 12

お母さんと男の子が話しています。二人は、これからどうしますか。

男の子：うちの前に子猫がいたから、連れてきちゃった。かわいいでしょう。

母：ええ〜、うちでは飼えないわよ。マンションじゃ、世話できないでしょう。

男の子：うん、わかってるよ。誰かほかに飼ってくれる人を探さなきゃだめだね。

母：そうね……。あれ？　ちょっと待って。この猫、もしかしたら、どこかの家で飼われていたんじゃない？　すごく人になれているみたいだし。

男の子：本当だ。もしかしたら、外に出て迷っちゃったのかもしれないね。

母：だったら、おうちの人が心配して探しているかもしれないわよ。

男の子：じゃ、僕、ポスターを作って、近所に貼るよ。

母：そうね。じゃあ、お母さんは、近くの動物病院に行って、猫を探している人がいないかどうか聞いてみるわ。

二人は、これからどうしますか。

6番 CD-2 13

大学で、女の学生が男の学生に頼んでいます。男の学生は、どう思っていますか。

女：山本君って、高校時代、陸上部だったんだよね。ねえ、来週の陸上部の試合に出てくれない？

男：陸上部だったのは中学のころだよ。高校からは、ずっと野球部だよ。

女：でも、足、速いじゃない。実はさ、リレーのメンバーがひとりケガして出られなくなっちゃったんだ。陸上部は部員少ないから、ほかに出られる人がいなくて……。ねえ、お願い。

男：いきなり試合なんて、無理だよ。それに、試合って日曜だろ？　野球部も練習があるんだ。うちも試合が近いし……。

女：みんな、山本君くんしかいないって言ってるの。ね、お願い。

男：でも……。

女：うちの部長から野球部の部長へも話がいってるはず。陸上部の……ううん、大学のためだと思って。

男：大学のためと言われれば、無視できないけど……。う～ん、うちの部長の返事次第だな。部長の言う通りにするよ。

男の学生は、どう思っていますか。

問題３

CD-2 14

問題３では、問題用紙に何もいんさつされていません。この問題は、全体としてどんな内容かを聞く問題です。話の前に質問はありません。まず話を聞いてください。それから、質問とせんたくしを聞いて、１から４の中から、最もよいものを一つ選んでください。

１番

CD-2 15

ペットショップの女の人が話しています。

女：夏の暑いときなど、犬が舌を出してハアハア息をしていますよね。苦しそうなので、飼い主の方は、心配になるんじゃないかと思います。でも、実は、これは、厚い毛皮を着ているということもあるんですけど、犬が人間のように汗をかかないからなんです。人間は、暑くなると体中にある汗が出る穴から汗をかいて、体を冷やすという仕組みになっているでしょう。ところが、犬には汗の出る穴が、足の裏くらいにしかないんですよ。だから、犬は、汗をかく代わりにハアハア息をして体温を下げているんです。病気で苦しんでいるわけではありませんから、心配しなくていいんですよ。

何について話していますか。

1　犬がハアハア息をする理由
2　犬が人間より優れているところ
3　犬を育てるときの注意点
4　犬が夏によくかかる病気

２番 CD-2 16

ロックバンドのリーダーが、インタビューで話しています。

男：僕たちが10年もの長い間、一緒に音楽を続けてこられたのは、目指す音楽の趣味が同じだったということも大きいですが、なんでもみんなで話し合ってきたことが一番だと思います。まあ、時々、けんかもしましたけど……。今回の曲も、バンドのメンバー全員で作りました。納得するまで話し合ってね。それに、曲作りだけでなく、コンサートでどんなことをしようか、これからどうしていこうか、なんていうこともみんなで決めてきました。15年、20年と続けていくために、これからもそうしていきますよ。

何について話していますか。

1　新しい曲を作ることの苦労
2　バンドのメンバーに対する不満
3　これからバンドが目指す音楽
4　バンドを長く続けてこられた理由

３番 CD-2 17

女の人がインタビューを受けています。

男：小学校で英語の授業が始まりましたね。
女：そうですね。英語は世界の共通語ですし、発音などのことを考えれば、早いうちから英語に触れるのはいいことだと思います。
男：小さい頃からやれば、国際人が育つということですね。
女：さあ、それはどうでしょう。英語が話せれば国際人だと考えるのは、ちょっと違うと思いますよ。
男：といいますと？
女：もちろん語学力は大切ですが、本当の国際人になるためには、自分の国のことをよく知ることが大切だと思うんです。それを忘れて英語教育だけに力を入れても、国際人は育ちませんよ。

女の人は、どう思っていますか。

1　小学校で英語の授業をする必要はない
2　英語が話せるだけでは国際人とはいえない
3　早いうちから英語に触れれば国際人が育つ
4　自分の国のことを知っていれば、国際人といえる

４番 CD-2 18

男の人が、大学生に向けて話しています。

男：最近は髪型や服装について、会社でもうるさく言わなくなってきたようです。しかし、これを、ビジネスの世界が自由になったと思うのは、大きな間違いですよ。許されているわけではなくて、上司やお客様が、わざわざ注意しなくなっただけなんです。皆、心の中では『よくない』と思っているはずです。学生の間は「自分らしさ」も大切ですが、社会に出たら、自分を評価するのは自分ではなく相手です。ビジネスでは、相手から自分がどう見えているかを考えるべきです。「自分らしさが一番だ」「注意されないから好きにしていいや」というのは、社会人の考え方とは言えません。

男の人が言いたいことは、何ですか。

1　社会が変わってきて、自由な髪型や服装が許されるようになった

2　社会人になったのだから、自分の思う通りに好きにしてよい

3　社会人になっても学生時代と同じように、自分らしくすればいい

4　社会に出たら、相手からどう見られているのか考えるべきだ

5番 CD-2 19

大学で、男の学生と女の学生が話しています。

男：ラジオって聴く？

女：聴くよ。勉強しているときは、テレビより、ラジオのほうが集中できるんだ。でも、ドラマ聴いてると、つい夢中になっちゃって、勉強できなくなっちゃうんだけどね。

男：ラジオのドラマ？　そんなのあるの？　人物の表情や、場面がよくわからないだろう？

女：それがね、声と音だけでも、十分わかるんだ。それに、見えないぶん、イメージがふくらむんだよね。

男：イメージなんて、聴く人によって違うだろ？

女：そう！　テレビだと見えちゃうから、一つのイメージしかないけど、ラジオだと聴く人によって、自由にイメージできるんだよね。そこが面白いの。今度聞いてごらんよ。

女の人は、ラジオドラマについて、どう言っていますか。

1　勉強しているときに聴くと、勉強に集中できるからいい

2　わかりにくいから、テレビドラマのほうがいい

3　聴く人によって、自由にイメージできるから面白い

4　聴いたことがないから、どんなものかわからない

問題４

問題４では、問題用紙に何もいんさつされていません。まず文を聞いてください。それから、それに対する返事を聞いて、１から３の中から、最もよいものを一つ選んでください。

１番

今朝からちょっと風邪気味なんだ。

1　そんなことないよ。

2　早く帰ったほうがいいよ。

3　雨も降りそうだよ。

２番

悪いけど、お茶いれてくれる？

1　うん、いいよ。

2　今、出ていっちゃった。

3　ううん、いいお茶だよ。

３番

みなさまに「よろしく」とお伝えください。

1　ええ、よろしくお願いします。

2　はい、伝えておきます。

3　そんな、とんでもない。

４番

30分前には着くつもりだったのに、ギリギリになっちゃった。

1　大丈夫、よく切れるよ。

2　早く着き過ぎたね。

3　事故でもあったの。

５番

宝くじが当たったとしたら、どうする？

1　のんびり旅行がしたいな。

2　よかったね。おめでとう。

3　あの店はよく当たりますよ。

６番

このペン、使わせていただいてよろしいですか。

1　ええ、どうぞ。

2　ああ、どうも。

3　いえ、結構です。

７番

犬に噛まれちゃったよ。

1　え、死んじゃったの？

2　うわ、痛そう。

3　おとなしい犬だね。

８番

失礼ですが、どちらさまでしょうか。

1　「北本デンキ」の大沢と申します。

2　あちらにいらっしゃいますよ。

3　ああ、右へ行ってください。

９番

郵便局へ行くついでに、スーパーで牛乳買ってきてくれない？

1　切手とはがきを買ってくるね。

2　ありがとう、助かるよ。

3　わかった。１本でいい？

10番

今年の卒業生代表には、誰が選ばれたんですか。

1　ええ、選ばれましたよ。

2　文学部の中川さんですよ。

3　卒業生は300人でした。

11番 CD-2 31

子供がかいたにしては、いい絵だね。

1 うん、まだ12歳なんだって。

2 やっぱり子供だと思ったよ。

3 ええ、父がかきました。

12番 CD-2 32

近いうちに、ご一緒にお食事でもいかがですか。

1 高田さんの料理はおいしかったですね。

2 遠くのレストランのほうがいいです。

3 ええ、ぜひ。楽しみにしています。

問題5 CD-2 33

問題5では長めの話を聞きます。メモをとってもかまいません。

1番 CD-2 34

問題用紙に何もいんさつされていません。まず話を聞いてください。それから、質問とせんたくしを聞いて、1から4の中から、最もよいものを一つ選んでください。

ペットショップで、夫婦が子犬を見ています。

女：どの子にしようか……。どれも可愛くて、迷っちゃうよね。

男：あの茶色のもかわいいね。でも、20万円か……。ちょっと高いかな。

女：気に入ったら、少しぐらい高くてもいいんじゃない。

店員：お客様、失礼ですが……、お宅はマンションでいらっしゃいますか？

男：ええ、そうですけど。

店員：ペットの大きさに関する規則はどうなっていますか。先日も、マンションで8キロ以上の犬は飼えないことをご存じなくて、犬を返しにいらっしゃったお客様がいらしたので……。

女：そうなんですか。うちは大丈夫だと思いますよ。お隣も大きい犬を飼ってるし……。あのう、それより、息子がアレルギーがあるので、毛が抜けない種類の犬がいいって聞いたんですけど。

店員：そうですか。もちろん全然、毛が抜けない犬というのはいないんですが、あちらの黒い犬は、あまり毛が抜けない種類ですよ。

男：でも、あの犬は隅のほうでじっとしていて気が弱そうだよ。僕は元気に走り回るような犬のほうがいいな。
女：私もそうだけど、ひろしのことを一番に考えなきゃ。

この夫婦が犬を選ぶとき、もっとも大切にすることは何ですか。

1　値段が高くないこと
2　元気に走り回ること
3　あまり大きくないこと
4　毛が抜けないこと

2番 CD-2 35

問題用紙に何もいんさつされていません。まず話を聞いてください。それから、質問とせんたくしを聞いて、1から4の中から、最もよいものを一つ選んでください。

会社で、先輩と後輩が話しています。
女1：先輩、私たち、お昼ご飯食べに行くんですけど、一緒にいかがですか？
男　：悪い、今日、オレ、弁当なんだ。
女2：えっ、先輩がお弁当なんて、珍しいですね。
男　：今月、金がないんだよ。
女1：先輩が料理できるなんて、知りませんでした。
男　：できないよ。山下が弁当買いに行くって言うから、オレの分も頼んだんだ。
女2：ああ、な～んだ、そうですか。
女1：先輩も料理の勉強したらどうですか。料理のできる男性って、女性に人気あるんですよ。
男　：オレには無理だよ。
女2：あ、そうだ。先輩、今度、私たちがお昼をごちそうします。いつもお世話になっていますから。
男　：ああ、それはうれしいな。楽しみにしてるよ。

男の人が、今日、お弁当なのはどうしてですか。

1　店に食べに行くお金がないから
2　自分で料理を作るのが好きだから
3　女の人たちがお弁当を買ってきてくれたから
4　山下さんがお弁当を作ってきてくれたから

3番 CD-2 36

まず話を聞いてください。それから、二つの質問を聞いて、それぞれ問題用紙の1から4の中から、最もよいものを一つ選んでください。

パソコン売り場で、親子が店員と話しています。
母：娘が大学生になるのでノートパソコンを買いたいと思っているんですが、どれを選んだらいいのかわからなくて……。
店員：それでしたら、こちらのA社のものはいかがでしょうか。パソコンを使うのが初めての方向けで、設定などのサービスがすべて付いています。
娘：初めてというわけじゃないので、設定とかは大丈夫です。10万円か。あの……もう少し安いのはありますか。
店員：はい、こちらのB社のパソコンは

6万円です。少し型が古いですが、基本的な機能は付いていますし、やっぱりこのお値段は、なかなか魅力的ですよ。

母：お金は出してあげるから、自分がほしいと思うものを選びなさいよ。

娘：ホント？　じゃあ……、10万以上になっちゃってもいい？　あ、これ、最近、テレビでコマーシャルやってる……。

店員：こちらはC社の新製品で、12万円です。今あるものの中では、一番、多くの機能が付いています。

娘：うわっ、結構、重い。

店員：でしたら、こちらのD社のものはいかがですか。画面は小さくなりますが、かなり軽いですよ。お値段は15万円です。

母：これ、いいんじゃない？　大学に持っていったりもするんでしょ。

娘：そうだね～。でも、やっぱり機能がたくさんついているのがいいな。多分、あんまりパソコン持って出かけないと思うし……。

質問1　娘は、どのノートパソコンを選びましたか。

質問2　なぜ、そのノートパソコンを選びましたか。

第３回

聴解スクリプト

問題１

問題１では、まず質問を聞いてください。それから話を聞いて、問題用紙の１から４の中から、最もよいものを一つ選んでください。

１番

大学で、学生課の女の人と学生が話しています。学生は、このあとすぐ何をしますか。

男：あの、昨日パソコン教室に学生証を忘れてしまったんですが……。学生番号１５００２の山田太郎です。

女：山田太郎さんですね？　えっと、こちらにはまだ届いていないみたいです。管理室に行ってみてください。

男：え、管理室って？

女：掃除などのサービスをしてくれる会社が入っている部屋です。掃除中に見つかった忘れ物は、まず、そこで預かって、そのあとこちらに持って来てもらうことになっているので、まだ向こうにあるかもしれません。

男：じゃ、行ってみます。あの……、もしそこになかったら、学生証は再発行してもらえるんですよね。

女：はい、こちらで再発行の手続きをします。でも、その場合は悪いことに使われるかもしれませんから、警察にも届けておいたほうがいいですよ。

男：わかりました。ありがとうございました。

学生は、このあとすぐ何をしますか。

２番

会社で、女の人が課長と話しています。女の人は、いつからいつまで会社に来ませんか。

女：あの、課長、実は母が入院しまして……。それで、お休みをいただきたいんですが……。

男：それは大変だね。それで、いつから、どのぐらい？

女：９日が手術ですので、できれば７日の月曜日から１週間ほどいただけたら……。

男：そうか……。実は７日にフランスからお客様がいらっしゃるんだよ。部長に君がフランス語ができると言ってしまってね。部長もそのつもりでいるんだ。

女：そうですか……。では、それは、やらせていただきます。

男：そうか。じゃあ、１日だけ頼むよ。

女：はい。次の月曜日からは出社しますので、よろしくお願いします。

女の人は、いつからいつまで会社に来ませんか。

3番 CD-3 4

電話で、父親と娘が話しています。娘は、どこまで迎えに行きますか。

父：もしもし、おれだけど。

娘：あ、お父さん、すごい雨だよね。傘、持ってるの？

父：いや、会社に置いてきちゃったんだ。今、駅なんだけど……。悪いけど、迎えにきてくれないか。駅前の本屋で少し待っていようかと思ったんだけど、やみそうにないから。

娘：わかった。じゃあ、車で迎えに行くよ。ちょうど図書館に本を返しに行こうと思ってたところだし。

父：じゃ、スーパーの前で待ってるよ。そのほうが図書館行くのに楽だろ？

娘：う～ん、でも、あそこに車、停めるの苦手なんだよね。いつも何台も車が停まってるし……。

父：そうか？　じゃあ、動かないで、ここにいるよ。悪いね。

娘：うん、すぐ行くからね。

娘は、どこまで迎えに行きますか。

4番 CD-3 5

会社で女の人と男の人が話しています。男の人は、ダイエットのために何をすることにしましたか。

女：村山さん、あまり食べてないみたいですけど、どうしたんですか？

男：ああ、先月の健康診断の結果を聞いて来たんだけど、少しやせたほうがいいって言われちゃって……。

女：ダイエットですか。だったらやっぱり、体を動かすのが一番だと思いますよ。

男：それはわかってるよ。スポーツクラブに行ってたこともあったんだけど、続かなくて……。

女：ひとつ前の駅で電車を降りて、歩くだけでも効果があるらしいですよ。

男：歩く、か……。それなら、まあ、できそうだけど……。

女：あとは、食事を減らすとか、野菜中心の食事にするとか……。

男：う～ん、それは……子供たちが成長期でよく食べるし、おれにだけ特別な食事を用意してくれって、妻に言うのもなぁ……。まあ、できることから始めてみるか。

男の人は、ダイエットのために何をすることにしましたか。

5番 CD-3 6

テレビで、料理の先生が話しています。どの順番で作りますか。

女：先生、じゃがいもが柔らかくなりました。

男：じゃあ、皮をむいて潰してください。

女：ああ、簡単にむけますね。私はいつもゆでる前に皮をむいていたんですけど……。

男：こちらのほうが簡単でしょ？　はい、では、よく潰してくださいね。

女：はい、できました。

男：では、それを小さくまとめて、肉で巻きましょう。じゃがいもが隠れるように巻いてください。

女：肉にも塩、コショウを振っておくんで

すよね。
男：あ、それは、巻いてからでいいですよ。それをフライパンで焼けばできあがりです。

どの順番で作りますか。

問題２

CD-3 7

問題２では、まず質問を聞いてください。そのあと、問題用紙のせんたくしを読んでください。読む時間があります。それから話を聞いて、問題用紙の１から４の中から、最もよいものを一つ選んでください。

１番

CD-3 8

大学で、男の学生が、教授と話しています。ゼミの課外活動はどこへ行きますか。

男：ゼミの課外活動なんですけど、みんなで話し合って、ドリームワールドへ行こうということになったんですが……。
女：それ、遊園地でしょ？　課外活動は企業の経営について調べるためですよ。
男：はい、ですから……。
女：これまでは、工場見学とか、企業の経営者へのインタビューとかでしたけど……。先日、商店街という案が出てたじゃないですか。
男：はい。スーパーができて商店街がなくなることが多いけれど、新しい工夫をして元気になった商店街について調べようという案もあったんですが……。
女：それ、面白いテーマだと思いますよ。
男：はあ、でも、今回は、レジャーとか観光とかをテーマにして、遊園地の経営方針を調べようと話しているんです。商店街というテーマもいいとは思うんですが……。
女：ああ、そうなんですか。そこまで考えているなら、いいでしょう。では、詳しい計画書を提出してください。

ゼミの課外活動は、どこへ行きますか。

2番 CD-3 9

女の人が、電話で友達と話しています。女の人は、服をどうしますか。

女1：今度の土曜日、先輩の結婚式があるんだけど、何、着て行こうかなあ。今、持ってる服じゃ、流行遅れな気がするんだ。

女2：土曜日？　でも、今、仕事忙しいんでしょ。買いに行く時間あるの？

女1：そう、それで困ってるんだ。

女2：私のでよければ、貸すよ。最近、何着か買ったんだ。サイズもだいたい同じだったよね？

女1：でも、借りに行く時間もないし……。

女2：適当に選んで、送ってあげようか。

女1：でも、面倒でしょ、悪いよ。ホテルでレンタルできるか、聞いてみる。

女2：今から借りるの？　土曜日って3日後でしょ。もう、遅いんじゃない。

女1：そうか……。う～ん、じゃあ、今回はなんとか、今あるので間に合わせることにするか。

女の人は、服をどうしますか。

3番 CD-3 10

家で、夫婦が話しています。女の人は、どうして怒っていますか。

男：パソコン、使ってる？　ちょっと使いたいんだけど。

女：いいわよ。すぐ終わる。

男：何、怒ってるの？

女：大山さんからメールが来ないのよ。

男：大事な連絡？

女：そういうわけじゃないけど……。論文書くための資料が欲しいからメールで送ってくれって言うから、送ったのよ。9時までにって言うから、好きなテレビも見ないで資料揃えて送ったんだけど、届いたって返事がないのよ。

男：届いてなきゃ連絡が来るだろうから、ちゃんと受け取ったんだろ？

女：そうかもしれないけど、だったら連絡ぐらいくれてもいいんじゃない？　それが礼儀でしょ？　私、こういうの、許せないのよね。

男：ああ、まあ、そうだね。それより、パソコン使わせてよ。

女の人は、どうして怒っていますか。

4番 CD-3 11

動物園で、男の人と女の人が話しています。この動物園は、どうして人気がありますか。

男：やっぱり、ライオンは動物の王様だね。

女：うん、堂々としててかっこいいよね。私、動物園で、ライオンがいちばん好き。

男：僕は動物園、久しぶりに来たんだけど、最近の動物園って、みんなこんな感じ？

女：そうよ。昔はガラス越しに動物を見るだけだったけど、最近は、動物が外で自由に動きまわる姿が見られるところが多いよ。

男：そのほうが動物にとっても快適だしね。

女：そうだね。でね、その中でも、この動物園は、草や木を植えて、ライオンやキリンやシマウマなんかが、自然のままの姿で見られるように工夫してあるの。

男：うん、まるでアフリカにいるみたいだ

よ。
女：でしょ。それが人気の秘密なんだって。

この動物園は、どうして人気がありますか。

5番 CD-3 12

女の人が男の人にインタビューしています。男の人が言いたいことは、何ですか。

女：今月から各テレビ局がさまざまな新番組をスタートさせていますが、今日はその中でもドラマについて、お話を伺いたいのですが。
男：新しく始まったドラマが12ですか。そのほとんどがマンガや小説を元にしたものというのは、ちょっとねえ。
女：と、いいますと？
男：すでに人気のある作品ですから、ドラマも人気が出るだろう、という考えはわかりますけどね。でも、テレビ局にはもっと、独自のストーリーのオリジナル作品を作ってほしいですね。結論がわかるものは見ていてもつまらないでしょう？　テレビ局側もそう思っているのか、登場人物やストーリーをちょっと変えることもある。それだったら、一から考えろ、と言いたくなりますね。

男の人が言いたいことは、何ですか。

6番 CD-3 13

男の人と女の人が話しています。新しいパン屋は、どうして評判がいいのですか。

男：駅前に、新しいパン屋ができたんだね。知ってる？　すごく評判いいらしいけど。
女：うん、行ったことあるよ。
男：あそこ、もともとパン屋じゃなかった？
女：うん、そう。前のお店はご主人が急に病気になっちゃって、閉めてたのよ。でも、一流ホテルで勉強をしていた息子さんが、またお店を始めたんだって。
男：へえ、一流ホテルね。で、パンはどうなの？
女：種類も多いし、味もいいよ。値段は安いとはいえないけど、着色料や保存料なんかの人工のものをいっさい使ってないんだって。もちろん、水や小麦粉にも気をつかっていてね、それが人気なのよ。
男：へえ。じゃ、今度、帰りに寄ってみよう。

新しいパン屋は、どうして評判がいいのですか。

問題３

CD-3 14

問題３では、問題用紙に何もいんさつされていません。この問題は、全体としてどんな内容かを聞く問題です。話の前に質問はありません。まず話を聞いてください。それから、質問とせんたくしを聞いて、１から４の中から、最もよいものを一つ選んでください。

１番

CD-3 15

テレビで、女の人が話しています。

女：子供の食生活に関する調査によると、５年前と比べて「朝食を取らない子供」の割合が減ってきています。食事を通して栄養を取ろうという考え方が広まってきているようで、いい傾向です。しかし、「スーパーやコンビニのお弁当を食べる」という子供の割合をみると、こちらは、ほとんど変化がありませんでした。つまり、１日３回きちんと食事をするようになったからといって、食事の内容がよくなったわけではないようなんです。成長する子供の健康な体作りのためにも、食事の内容には気をつけたいものです。

最近の子供の食生活は、どうなっていますか。

1　１日３食食べる子供は増えたが、食事の内容は変わっていない
2　１日３食食べる子供が増え、食事の内容もよくなった
3　１日３食食べる子供は減ったが、食事の内容はよくなった
4　１日３食食べる子供が減り、食事の内容も悪くなった

２番

CD-3 16

テレビショッピングで、男の人が話しています。

男：次の商品は、ロボットクリーナー２０１です。この掃除機は、留守の間にも、夜寝ている間にも、自動で掃除してくれるという素晴らしい掃除機です。センサーが付いているので、家具を避け、部屋のすみずみまできれいにしてくれるんです。これがあれば、あなたは、もう、せっかくの休みの日を掃除で潰すこともありません。当社が自信を持っておすすめする、このロボットクリーナー２０１は、あなたの人生の大事なパートナーになってくれることでしょう。この商品のお申し込み方法とお値段は……。

何について話していますか。

1　ロボットクリーナーの使い方
2　ロボットクリーナーの問題点
3　ロボットクリーナーの特徴と魅力
4　ロボットクリーナーの値段と買い方

３番

CD-3 17

男の人と女の人が話しています。

女：ねえ、今日のお昼、「野菜ハウス」で食べようよ。

男：ああ、駅ビルにできたレストラン？　肉とか魚を全く使わない料理を出すんだろ？　あんまり興味ないんだけどな

あ……。

女：どうして？　ヘルシーでいいじゃない。

男：でもヘルシーで体にいい料理って、おなかいっぱいになりそうにないし、何となく味が薄いっていう印象があるんだよな。

女：確かに、ヘルシーって、そういうのが多いけど、あそこの料理は全然そんなことないよ。メニューの種類もいっぱいあるし、おいしいし、量も多いから、お肉が入ってなくても十分満足できると思うよ。

男：そうなの？　まあ、じゃ、1回ぐらい行ってみてもいいかな。

女の人は、「野菜ハウス」の料理についてどう思っていますか。

1　体にいいし、味もいい

2　ヘルシーだけれど、味が薄い

3　量が少ないけれど、味はいい

4　味が薄くて、満足できない

4番 CD-3 18

テレビで、女の人が話しています。

女：来年の春の就職に向けて、大学生の就職活動がスタートしました。経済が厳しい状況の中で、学生たちの目は、会社の規模や安定性に向きがちですが、やはり仕事のやりがいや面白さを重要と考えて会社を選びたいという学生も多いようです。何を基準に会社を選ぶかという調査で、最も多かったのは、「仕事が面白そう」と答えた人で、これは、男女とも8割前後を占めています。「規模が大きい」と安定性を望んだのは、約7割。その次に「会社のイメージがいい」「社会に貢献している」などの項目が続いています。

何について話していますか。

1　大学生がしたい仕事の内容

2　今年の就職活動の大変さ

3　就職したいと考えている大学生の数

4　大学生が会社を選ぶときの理由

5番 CD-3 19

男の人がインタビューを受けています。

女：最近の若い人の話し方ですが、乱れていると思われませんか？

男：乱れている、ですか……。どうでしょうねえ。

女：このままでは、美しい日本語はなくなってしまうと思うんですが……。

男：うーん、「美しい日本語」というのは、何でしょう。

女：それは……、昔から使われている正しい日本語だと思いますけど……。

男：「言葉は生きている」と、よく言われますよね。今、「正しい日本語」と思われているものも、100年前の人が聞けば、乱れていると感じると思いますよ。

女：え？　そうなんですか？

男：今、「乱れている」と思われている言葉でも、多くの人が使うようになれば、それが「正しい日本語」になるんです。最近の若い人の話し方も、何年かのちには「美しい」と言われるようになるかもしれませんよ。

男の人は、どう考えていますか。

1　最近の若い人の言葉は乱れていて困る

2　最近の若い人の言葉は美しい

3　言葉の使い方は、時代とともに変わる

4　100年前の日本語が、正しい日本語だ

問題4

CD-3 20

問題4では、問題用紙に何もいんさつされていません。まず文を聞いてください。それから、それに対する返事を聞いて、1から3の中から、最もよいものを一つ選んでください。

1番

CD-3 21

今週の金曜日って、何か予定入ってる？

1　何もないけど……、どうして？

2　ううん、出てるよ。

3　じゃあ、土曜日にしよう。

2番

CD-3 22

あした、当社までお越し願いたいんですが。

1　どうも、ありがとう。

2　もう、越しましたけど。

3　はい、必ずうかがいます。

3番

CD-3 23

山田さんって、子供っぽいところがありますよね。

1　ええ、ちょっと、わがままですね。

2　たしか、5歳の男の子が一人ですよ。

3　山田さんのうちは幼稚園の近くですよ。

4番

CD-3 24

すみません、お隣の席、空いてますか？

1　閉まっていますよ。

2　すみません、友達が来るんです。

3　ああ、今日は欠席ですか。

5番 CD-3 25

新商品のサンプルをお目にかけましょうか。

1　メガネをかけたらどうですか。

2　ああ、少しにしてください。

3　ええ、見せてください。

6番 CD-3 26

申し訳ございません。田中は今、席を外しております。

1　いつごろお戻りになりますか。

2　じゃあ、ほかの席をお願いします。

3　田中さん、どうぞお座りください。

7番 CD-3 27

あしたのパーティー、何時ごろ来られそう？

1　5時半には行けそうだよ。

2　先生に怒られてしまったよ。

3　パーティーは6時に始まるよ。

8番 CD-3 28

ようやく春らしくなってきましたね。

1　まだ、冬なのにおかしいですね。

2　じゃあ、春になったら予約します。

3　ええ、暖かくなってよかったです。

9番 CD-3 29

じゃ、そろそろ失礼しましょうか。

1　本当に失礼ですよね。

2　あ、もうこんな時間なんですね。

3　やめておいたほうがいいですよ。

10番 CD-3 30

今日はここまでにして、続きはあしたにしませんか。

1　どうも、ごちそうさまでした。

2　私は、そんなことしてませんよ。

3　そうしよう。もう遅いし。

11番 CD-3 31

さっきから何ブツブツ言ってるの？

1　ひとり言だから気にしないで。

2　きれいな、いい音でしょ。

3　カレーができたみたいね。

12番 CD-3 32

昨日の試合、引き分けだったんだって？

1　うん、もう少しで勝てたんだけどね。

2　ありがとう。やっと優勝できたよ。

3　えっ、あの二人、別れたの？

問題5

問題5では長めの話を聞きます。メモをとってもかまいません。

1番

問題用紙に何もいんさつされていません。まず話を聞いてください。それから、質問とせんたくしを聞いて、1から4の中から、最もよいものを一つ選んでください。

大学のサークルで、新しい部員を集めるための相談をしています。

男1：よし、じゃあ、部員募集のポスター作ろうか。

女　：またポスター？　去年と同じことしても、集まらないんじゃない？

男2：そうだよ。

女　：もっと、違う、注目を集めるようなことしないと……。昼休みに、食堂の前の庭で演奏でもする？

男1：そんなの、ほかのサークルもやってるよ。

男2：じゃあ、思い切って駅前でやるか？　あそこの広場って、ときどき歌ったり、演奏したりしてる人、いるだろ？

男1：そうだな。いいかも。でも、許可とか必要なのかな。

女　：あっ、ねえ、コスプレしようよ！　アニメのキャラクターの格好して演奏するの。注目集めるよ～。

男2：やだよ、そんなの。

男1：そういうのが好きな人ばっかり集まってきたらどうするんだよ。じゃあ、オレ、許可が必要かどうか調べてみるよ。

男2：ああ。じゃあ、オレはどんな曲がいいか考えてみる。それで、いいよね。

女　：え？　うん……、わかった。そうしよう。

何をすることにしましたか。

1　ポスターを張る
2　昼休みに庭で演奏する
3　駅前の広場で演奏する
4　コスプレをして演奏する

2番

問題用紙に何もいんさつされていません。まず話を聞いてください。それから、質問とせんたくしを聞いて、1から4の中から、最もよいものを一つ選んでください。

旅行会社で、大学生2人が店員と話をしています。

男：クラスの仲間10人で、夏休みに行く場所を探してるんです。一泊5000円から6000円ぐらいのところがいいんですけど。

店員（男）：こちらの「フジホテル」はいかがですか。一泊6500円ですが、ホテルにはプールやテニスコートもあって、宿泊する人は無料で利用できます。

女：う～ん、もうちょっと安いところは……。

店員：「旅館やまだ」もおすすめです。山の奥のほうにあって、とても静かな環境です。ハイキングもできますし温泉もあるので、のんびりできると思いますよ。

男：いいね、それも。いくらですか？

店員：一泊5500円です。あとは、「ホテル川井」も人気がありますね。こちらも一泊5500円です。川のそばなので、ボートに乗ったり、バーベキューしたりできます。

女：それ、楽しそう。ボートやバーベキューは無料ですか。

店員：いえ、ボートは2000円、バーベキューは1人1500円かかります。

女：それじゃあ、かなり予算オーバーになっちゃうか。

店員：あと「中山旅館」というところもありますが……。

男：あ、そこは去年行ったので、今年は違うところにしたいんです。

店員：そうですか。移動手段は、どうなさいますか？

男：電車とバスで行くつもりなんです。

店員：ああ、「旅館やまだ」は山の奥なので、車がないと、ちょっと……。

女：そうなんですか。車、持ってる人、いないしねえ。じゃ、ここしかないか。ちょっと予算オーバーだね。

男：まあ、でもしょうがないんじゃない？

女：そうだね。

夏休みの旅行はどこへ行きますか。

1　フジホテル
2　旅館やまだ
3　ホテル川井
4　中山旅館

3番　CD-3 36

まず話を聞いてください。それから、二つの質問を聞いて、それぞれ問題用紙の1から4の中から、最もよいものを一つ選んでください。

男の人と女の人にインタビューをしています。

インタビュアー：大学合格おめでとうございます。お二人が、受験に成功した理由は何ですか。

男：僕は受験する大学を早く決めたことだと思います。3年生になってすぐ決めました。早いほうが、その大学の試験にあった勉強に集中することができますから。

女：私も同じ頃には決めていました。実際に受験勉強を始めたのは夏休みからですけど。

インタビュアー：受験勉強の期間はあまり長くなかったわけですね。

男：ええ、僕も夏休みからですね。野球部の最後の試合が7月にあったので、それが終わってから始めました。2年生のときから勉強してる人もいるけど、長い間ダラダラと受験勉強するより、集中できて、よかったと思います。

インタビュアー：夏は暑くて、大変じゃなかったですか。

男：僕は朝早く起きて勉強してました。野球部の練習で、朝早いのは慣れてましたから。

女：私は朝に弱いんです。夜は何時まででも起きていられるんですが……。だから、勉強は夜が中心でした。

質問1　二人の受験勉強で、違ったことは何ですか。

質問2　男の人は、いつ、受験する学校を決めましたか。

模擬《もぎ》テスト　記録票《きろくひょう》

第《だい》1回《かい》　模擬《もぎ》テスト

実《じっ》施《し》日《び》	総合得点《そうごうとくてん》（合格点《ごうかくてん》は90点《てん》）	得点区分別得点《とくてんくぶんべつとくてん》（19点《てん》以下《いか》は不合格《ふごうかく》）			合格《ごうかく》・不合格《ふごうかく》	自分《じぶん》の記録《きろく》（反省点《はんせいてん》など）
		言語知識《げんごちしき》	読解《どっかい》	聴解《ちょうかい》		
	／180	／60	／60	／60		
	／180	／60	／60	／60		
	／180	／60	／60	／60		
	／180	／60	／60	／60		
	／180	／60	／60	／60		

得点《とくてん》の出《だ》し方《かた》

言語知識《げんごちしき》　60 ×（あなたが正解《せいかい》した数《かず》）÷ 54 =

読《どっ》解《かい》　60 ×（あなたが正解《せいかい》した数《かず》）÷ 21 =

聴《ちょう》解《かい》　60 ×（あなたが正解《せいかい》した数《かず》）÷ 32 =

第《だい》2回《かい》　模擬《もぎ》テスト

実施日《じっしび》	総合得点《そうごうとくてん》（合格点《ごうかくてん》は90点《てん》）	得点区分別得点《とくてんくぶんべつとくてん》（19点以下《てんいか》は不合格《ふごうかく》）			合格《ごうかく》・不合格《ふごうかく》	自分《じぶん》の記録《きろく》（反省点《はんせいてん》など）
		言語知識《げんごちしき》	読解《どっかい》	聴解《ちょうかい》		
	／180	／60	／60	／60		
	／180	／60	／60	／60		
	／180	／60	／60	／60		
	／180	／60	／60	／60		
	／180	／60	／60	／60		

得点《とくてん》の出《だ》し方《かた》

言語知識《げんごちしき》　60 ×（あなたが正解《せいかい》した数《かず》）÷ 54 =

読《どっ》 解《かい》　60 ×（あなたが正解《せいかい》した数《かず》）÷ 21 =

聴《ちょう》 解《かい》　60 ×（あなたが正解《せいかい》した数《かず》）÷ 32 =

第《だい》3回《かい》　模擬《もぎ》テスト

実施《じっし》日《び》	総合得点《そうごうとくてん》（合格点《ごうかくてん》は90点《てん》）	得点区分別得点《とくてんくぶんべつとくてん》（19点以下《てんいか》は不合格《ふごうかく》）			合格《ごうかく》・不合格《ふごうかく》	自分《じぶん》の記録《きろく》（反省点《はんせいてん》など）
		言語知識《げんごちしき》	読解《どっかい》	聴解《ちょうかい》		
	／180	／60	／60	／60		
	／180	／60	／60	／60		
	／180	／60	／60	／60		
	／180	／60	／60	／60		
	／180	／60	／60	／60		

著者紹介：

岡本能里子（おかもと　のりこ）東京国際大学国際関係学部　教授
石塚京子（いしづか　きょうこ）埼玉大学国際交流センター　非常勤講師
上田安希子（うえだ　あきこ）東京国際大学　非常勤講師
宇野聖子（うの　せいこ）東京国際大学　非常勤講師
太田妙子（おおた　たえこ）東京国際大学　非常勤講師
金庭久美子（かねにわ　くみこ）横浜国立大学教育人間科学部　非常勤講師
齋藤佐和子（さいとう　さわこ）秀林外語専門学校日本語科　非常勤講師
西島　道（にしじま　みち）東京国際大学　非常勤講師
間柄奈保子（まがら　なおこ）東京国際大学　非常勤講師

日本語能力試験スーパー模試Ｎ２

2011年9月20日　初版発行

監　　修：岡本能里子
著　　者：石塚京子・上田安希子・宇野聖子・太田妙子・
　　　　　金庭久美子・齋藤佐和子・西島　道・間柄奈保子
編集構成：浅野陽子（創作集団にほんご）

発行者　平本照麿
発行所　株式会社アルク
　　　　〒168-8611　東京都杉並区永福2-54-12
　　　　電話　03-3323-5514（日本語書籍編集部）
　　　　　　　03-3327-1101（カスタマーサービス部）

地球人ネットワークを創る
アルクのシンボル
「地球人マーク」です。

デザイン・ＤＴＰ：有限会社ギルド
ＣＤ収録：ELEC
ナレーター：大山尚雄／都さゆり／麦穂杏菜／雨澤祐貴
印刷所：図書印刷株式会社

PC：7011043